일본 문화
키워드 517

일본 문화 키워드 517

초판 1쇄 발행 · 2025년 7월 15일 | **지은이** · 박덕환, 박윤원, 장일영, 차승연 | **발행인** · 이종원
발행처 · (주)도서출판 길벗 | **출판사 등록일** · 1990년 12월 24일 | **주소** · 서울시 마포구 월드컵로 10길 56(서교동)
대표 전화 · 02)332-0931 | **팩스** · 02)323-0586 | **홈페이지** · www.gilbut.co.kr
책임편집 · 최준란(chran71@gilbut.co.kr) | **디자인** · 강은경 | **제작** · 이준호, 손일순, 이진혁 | **영업관리** · 김명자 | **독자지원** · 윤정아
영업 · 김진성, 한준희 | **교정교열** · 이경숙 | **일러스트** · 엘리킴 | **전산편집** · 박은비 | **인쇄** · 정민 | **제본** · 경문제책

- 이 책은 저작권법의 보호를 받는 저작물로 이 책에 실린 모든 내용, 디자인, 이미지, 편집 구성은 허락 없이 복제하거나 다른 매체에 옮겨 실을 수 없습니다.
- 인공지능(AI) 기술 또는 시스템을 훈련하기 위해 이 책의 전체 내용은 물론 일부 문장도 사용하는 것을 금지합니다.
- 잘못 만든 책은 구입한 서점에서 바꿔 드립니다.
- 책 내용에 대한 문의는 길벗 홈페이지(www.gilbut.co.kr) 고객센터에 올려 주세요.
- 본문 사진 출처: shutterstock (일부 제외)

ISBN 979-11-407-1485-8 03730 (길벗 도서번호 060165)
정가 20,000원

독자의 1초까지 아껴주는 정성 길벗출판사
(주)도서출판 길벗 | (주)도서출판 길벗 IT단행본, 성인어학, 교과서, 수험서, 경제경영, 교양, 자녀교육, 취미실용 www.gilbut.co.kr
길벗스쿨 | 국어학습, 수학학습, 주니어어학, 어린이단행본, 학습단행본 www.gilbutschool.co.kr
유튜브 · @GILBUTEZTOK | 인스타그램 gilbut_eztok | 네이버포스트 gilbuteztok

일본 문화 키워드 517

박덕환·박윤원·장일영·차승연 지음

머리말

우리는 일상 속에서 다양한 언어와 문화를 접하며 살아갑니다. 그중 일본어를 배우는 이들에게 일본 문화에 대한 이해는 단순한 배경 지식을 넘어, 언어의 깊이를 더해 주는 또 하나의 축이 됩니다. 언어는 이제 단순한 소통의 도구를 넘어, 타 문화를 이해하고 존중하는 데 필수적인 매개체가 되었습니다. 지리적으로 가까우면서도 역사와 문화에서 차이를 지닌 한국과 일본은 오랜 시간에 걸쳐 활발한 교류를 이어오며 서로 영향을 주고받아 왔습니다. 이러한 맥락에서 일본어 학습과 함께 문화를 이해하는 일은 선택이 아닌 필수적인 과정이라 할 수 있습니다.

『일본 문화 키워드 517』은 현직 고등학교 일본어 교사들이 실제 수업 현장에서 학생들과 호흡하며 얻은 교육적 통찰과 경험을 바탕으로 집필한 책입니다. 이 책은 단어의 단순한 나열이 아닌 학생들의 눈높이에 맞춘 흥미롭고 실용적인 내용으로 구성되어 있으며, 『고등학교 일본 문화』 교과서와의 유기적인 연계를 통해 학습의 흐름을 자연스럽게 이어갈 수 있도록 설계하였습니다.

수록된 용어는 일본의 전통문화를 대표하는 '기모노', '마쓰리' 뿐만 아니라 의식주, 교육, 여행, 대중문화 등 현대 일본 사회를 반영한 실생활 중심의 용어들로 폭넓게 구성되어 있습니다. 용어마다 짧고 명확한 설명, 실제 수업에서 활용할 수 있는 응용 예시, 문화적 배경과 역사적 맥락을 담아냈으며, 사진 자료도 함께 수록하여 시각적인 이해를 도왔습니다.

또한 학습자의 이해도와 흥미도를 고려해 중요도를 별표로 표시하고, 주제별로 용어를 분류하여 단계적이고 체계적인 학습이 가능하게 하였습니다. 이 책은 중·고등학생은 물론, 일본 문화에 관심 있는 일반인들에게도 유익한 참고 자료가 될 것입니다.

최근 중·고등학교 일본어 교육에서는 단순한 언어 능력 향상을 넘어 일본 사회와 문화에 대한 폭넓은 이해를 목표로 하고 있습니다. 그런 점에서 이 책은 일본어 교육과 일본 문화 수업을 연결하는 징검다리 역할을 할 수 있으리라 기대합니다. 또한, 학생들뿐만 아니라 일본어 수업을 준비하는 교사들에게도 수업 자료로서의 활용도가 높기를 바랍니다.

끝으로, 이 책을 통해 일본 문화에 대한 관심과 이해가 더욱 깊어지고, 나아가 서로 다른 문화를 존중하고 소통할 줄 아는 따뜻한 시선을 가진 글로벌 인재로 성장하는 데 작은 보탬이 되기를 진심으로 바랍니다.

2025년 여름
저자 일동

목차

머리말 　　　　　　　　　　　　　　004
이 책을 미리 읽어본 선생님들의 한마디 　008

1장 이웃 나라 일본
섬나라 일본 　　　　　　　　　　　016
행정 구역과 관광지 　　　　　　　　022
상징물과 화폐 　　　　　　　　　　060

2장 일본인의 말과 행동
일본어의 구성 　　　　　　　　　　076
일본인의 언어문화 　　　　　　　　089
일본인의 비언어 문화 　　　　　　　093

3장 일본인의 일생과 일 년
통과 의례 　　　　　　　　　　　　098
연중행사와 공휴일 　　　　　　　　101
선물 문화 　　　　　　　　　　　　118

4장 일본의 음식 문화
일본 음식의 특징 　　　　　　　　　124
대표적인 일본 음식 　　　　　　　　135
일본의 식사 예절 　　　　　　　　　154

5장 일본의 의복과 주거 문화

일본의 의복 문화	160
일본의 주거 문화	175
주거 환경과 방문 예절	186

6장 일본인의 일상생활

일본의 교육 및 입시 제도	192
일본의 교통	201
일본의 환경	210

7장 일본의 대중문화

대중문화	216
일본 문학	249
인기 있는 스포츠	264

8장 일본의 전통문화

전통 예술 및 예능	280
마쓰리	290
전통 놀이와 행운·기원	303

찾아보기　312

• 일러두기 • 키워드의 중요도에 따라 별(★) 개수로 표시하였습니다.

이 책을 미리 읽어본 선생님들의 한마디

> 일본 문화 수업에 적극적으로 활용하고 싶은 교재입니다. 학생들의 눈높이에 맞게 구성되어 있고 키워드별로 잘 정리되어 있어서, 보다 쉽고 재미있게 일본 문화를 접할 수 있습니다. 교사와 학생들에게 매우 유용한 자료가 될 것으로 기대됩니다.
>
> — 강원 황지고등학교, 전윤정

> 겉으로 보이는 일본이 아닌, 그 속을 천천히 들여다보고 싶은 학습자에게 권하는 책입니다. 문화의 맥락을 깊이 있게 이해하고 싶은 학습자에게 안성맞춤입니다.
>
> — 경기 이포고등학교, 이명희

> 이 책은 일본의 전통문화부터 최신 대중문화까지 폭넓게 다루고 있습니다. 용어를 통해 자연스럽게 문화적 배경과 맥락을 이해하고 흥미를 느낄 수 있도록 구성되어 있어, 일본 문화를 가르치거나 배우는 모든 분께 적극 추천합니다.
>
> — 인천 가좌고등학교, 정효실

> 일본에 대해 여러 방면에서 접근하고 있는 이 책은 선생님들에게는 수업 자료로서, 학생들에게는 수업이나 발표의 조사 자료로서 도움이 되는 한 권이라고 생각합니다.
>
> — 부산국제고등학교, 가와카미 마리코

> 일본의 지역, 사회, 문화를 다양한 각도에서 설명하고 있고, 문화 키워드도 최신 일본 문화를 잘 알 수 있게 구성하고 있어 학생들에게 많은 도움이 될 것이고 일본 현지에 가서도 활용도가 높을 것 같습니다.
>
> — 부산 개성고등학교, 김선정

> 일본이나 일본어에 관심을 가지고 좀 더 다양한 일본 문화를 알고 싶은 분들에게 많은 도움이 될 것 같습니다. '오타쿠'까지는 아니지만, '박학다식'의 수준에서는 다양한 분야에 걸쳐 많은 내용들이 이해하기 쉽게 잘 정리되어 있어, 문화 수업 및 일본을 알아가는 데 좋은 자료로 활용할 수 있을 것 같습니다.
> — 경기 상우고등학교, 윤병호

> 일본 문화를 쉽고 정확하게 이해하고 싶은 모든 이들에게 필요한 필독서일 뿐 아니라, 교실 속 일본어 수업이 일본 문화 이야기로 더욱 풍성해질 것 같습니다.
> — 충남 온양고등학교, 김은선

> 일본 문화가 키워드로 정리되어 있어 궁금한 내용을 쉽게 찾을 수 있으며 관련된 내용도 추가로 알 수 있어 유용한 것 같습니다.
> — 경북여자고등학교, 강다희

> 이 책은 전반적인 일본 문화에 대해 학생들 눈높이에서 쉽게 풀어냅니다. 교과서에서 다루지 못한 일본의 생활 속 문화와 역사적 뒷이야기를 한눈에 연결해 주어 교실 수업, 동아리 활동, 자기주도 학습에서 모두 활용 가능하고 친구들과 토론하며 문화 비교 감각을 키울 수 있습니다. 일본 문화의 과거와 현재를 한 번에 꿰뚫어 볼 수 있는 최고의 필독서입니다.
> — 강원 삼일고등학교, 김수남

> 한 권으로 배우는 살아 있는 일본 생활문화 안내서! 일본 문화를 핵심 개념 중심으로 쉽고 체계적으로 정리해 이해도를 높였고, 전통과 현대를 아우르는 풍부한 내용은 교육 현장은 물론, 일본 문화를 처음 접하는 이들에게도 문화 감수성을 키우는 데 도움이 될 것 같습니다.
> — 부산관광고등학교, 김수미

> 이 책은 일본 문화를 핵심 키워드 중심으로 구성하고 있어 2022 개정 교육과정의 문화 이해 영역과 긴밀하게 연계할 수 있습니다. 또한 일본 문화를 키워드별로 탐구하며 비판적 사고와 문화 간 소통 능력을 기를 수 있는 교육적 가치가 높은 일본 문화 안내서입니다.
>
> — 천안청수고등학교, 이한나

> 일본 문화에 대한 전반적인 모든 것이 세세하게 소개되어 있는 책입니다. 전통문화에서부터 현대 문화에 이르기까지 현 일본의 사회 현상과 일본 현지 실생활 관련 상식까지도 한 권에 다 담겨 있습니다. 일본의 역사와 문화, 전통과 예법, 현대와 유행까지도 알 수 있는 일본 문화 상식 백과사전이라고 할 수 있습니다.
>
> — 경기 옥정고등학교, 허명희

> 일본의 전통문화부터 현대 문화에 이르기까지 핵심 내용을 쉽고 체계적으로 풀어내어, 입문자들도 부담 없이 읽을 수 있도록 구성되어 있습니다. 문화적 배경지식은 물론 다양한 예시와 설명이 잘 정리되어 있어 학습 자료로도 매우 유용하며, 실제 수업 현장에서도 폭넓게 활용할 수 있다는 점이 큰 장점입니다.
>
> — 서울 반포고등학교, 권선아

> 일본 문화의 핵심적인 요소가 분야별로 잘 망라되어 있습니다. 학생과 교사가 같이 보는 일본 문화책으로 적극 추천합니다.
>
> — 대구 칠성고등학교, 권오훈

> 일본의 생활문화와 지역 등 다양한 소재로 구성되어 있으며, 학생들이 자신의 진로와 진학, 관심 분야에 대해 탐구할 수 있도록 다양한 키워드를 제시하여 일본 문화 수업에서 활용도가 높을 것 같습니다.
>
> — 경기 경민고등학교, 안주현

> 일본 문화와 일본어를 학습하는 데 꼭 필요한 용어들이 잘 정리되어 있습니다. 앞으로 일본어 학습이나 국제 관계 이해에 대한 기본 배경지식을 쌓는 데 큰 도움이 될 것 같습니다.
>
> — 서울 공항고등학교, 이수정

> 일본의 의식주 및 기본 예절, 축제, 예술, 대중문화 등 다양한 분야를 다루어 일본 사회의 특징을 자연스럽게 익힐 수 있습니다. 사진, 삽화 등이 실려 있어 시각적인 흥미도 높여주는 동시에 한국과 일본의 닮은 듯 다른 문화 간 이해력과 비판적 사고력 향상에도 도움이 됩니다. — 충남 호서고등학교, 전혜진

> 사진과 함께 설명이 간결하고 알기 쉽게 정리되어 있으며, 전체적인 구성이 깔끔하고 가독성이 좋아 학생들이 일본 문화를 보다 재미있게 학습할 수 있을 것 같습니다. 또한, 2022 개정 교육과정의 일본 문화와 연계가 잘 이루어진 내용으로, 학생들이 일본과 일본 문화를 이해하기에 용이하고 학습 보조 자료로서 수업 활용도가 높을 것으로 기대됩니다. — 서울 광양고등학교, 조민서

> 2022 개정 교과목과 발맞추어 편찬된 《일본 문화 키워드 517》. 교과에서 다루는 내용을 중점으로, 관련 세부 내용도 상세히 기술되어 있어 교수-학습 시 충분한 길라잡이 역할을 해줄 수 있는 교재라고 생각합니다. — 전주 양현고등학교, 진선

> 수많은 일본 문화 지식을 마치 사전처럼 키워드로 분류해 두었기 때문에 궁금한 내용만 찾아 쉽고 빠르게 읽을 수 있으며, 특정 주제 전반에 걸친 내용을 보기에도 좋습니다. 일본 문화 수업 시 옆에 두고 궁금한 내용은 언제든지 찾아볼 수 있게 사전처럼 활용할 수 있을 것 같습니다. — 서울 성암국제무역고등학교, 유상인

> 키워드를 통해 일본 문화를 이해할 수 있게 정리되어 있어 짧은 영상에 익숙한 학생들도 지루해하지 않고 재미있게 일본 문화를 접할 수 있습니다. — 부산 다대고등학교, 차수영

> 이 책은 2022 개정 교육과정 <고등학교 일본 문화> 수업에 필요한 핵심 용어와 주제를 체계적으로 정리한 학생 맞춤형 교재입니다. 수업 현장에서 학생들이 일본 문화를 보다 쉽게 이해하고 흥미롭게 접근할 수 있도록 도와주고 교사에게 유용한 보조 자료가 될 것 같습니다. — 경기 수원공업고등학교, 모순영

❝ 기본적인 일본 문화 관련 용어들이 명확하게 정리되어 있어 접근이 쉽고 편안하게 다가갈 수 있습니다. 일본 문화를 알고 싶거나 관련 내용을 확장시키고 싶을 때 유용할 것 같습니다. ― 인천 인일여자고등학교, 안영선

❝ 2022 개정 교육과정이 시행되면서 일본 문화 과목에 대한 걱정이 많았는데 이렇게 다양한 일본 문화 키워드를 하나의 책에서 볼 수 있다니 든든한 지원군을 얻은 것 같습니다. 학생들이 이 책을 활용하여 개별적으로 공부하기에도 좋고, 선생님들이 수업 자료로 활용하기에도 좋습니다. ― 경기 연천고등학교, 김미나

❝ 학생들과 나눌 이야깃거리가 많아지는 책입니다. 일본어 수업이 단어와 문법을 넘어, 문화와 삶으로 확장될 수 있도록 도와줍니다. 교실이 일본을 만나는 창이 되길 바랍니다. ― 강원외국어고등학교, 김동신

❝ 《일본 문화 키워드 517》은 2022 개정 교육과정과 연계하여 일본의 일상생활, 전통문화, 대중문화 등 일본 사회와 문화를 심도 있게 이해할 수 있도록 구성되어 있습니다. 일본에 대한 배경지식을 쌓아 학습은 물론 상호문화적 관점에서 일본과의 소통 능력을 키울 수 있다는 점에서 이 교재를 추천합니다. ― 서울 대성고등학교, 이윤신

❝ 이 책은 일본 문화 내용이 주제별로 간결하고 체계적으로 정리되어 있습니다. 선생님은 이 책을 통해 일본 문화를 손쉽게 찾아 정확하게 설명할 수 있을 것이고, 학생들은 <고등학교 일본 문화>와의 연계를 통해 학습의 흐름을 자연스럽게 이어갈 수 있을 것으로 기대합니다. ― 전남대학교사범대학부설고등학교, 우정오

❝ 한 가지 주제에 딱 필요한 핵심 설명만 갖추어 학습자들이 이해하기 쉽게 구성되어 있습니다. 최신 일본 문화 및 젊은이들의 니즈가 잘 반영되어 있어 학생들이 즐겨 이용할 수 있을 것 같고, 수업 자료로도 활용도가 높을 것 같습니다. ― 부산 반여고등학교, 조명지

❝ 드디어 일본어 교사를 위한 고마운 연구 도서가 나왔습니다. 대중문화, 전통문화, 일상 문화 외에도 다각도로 현재의 일본을 이해하게 해 주는 일본 문화 길라잡이입니다. 수업에 큰 보탬이 될 것이라 생각합니다.
— 세종 세종고등학교, 나성광

❝ 일본 문화를 이해하는 데 필요한 키워드에 대한 설명이 축약적으로 정리되어 있어서 일본 문화 탐구 수업에서 학생들의 부교재로 사용하면 좋을 것 같습니다. 학생뿐만 아니라 교사에게도 일본 문화 상식을 키우는 데 큰 도움이 될 것 같습니다.
— 세종 아름고등학교, 박민아

❝ 2022 개정 교육과정에 맞춰 <고등학교 일본 문화>의 핵심 키워드가 잘 정리되어 있어 학습자들이 궁금한 내용을 편하게 찾아볼 수 있습니다. 다양한 주제의 일본 문화를 사진 자료와 함께 소개하여 일본어 학습에 보다 흥미를 가질 수 있을 것 같습니다.
— 충남 서산고등학교, 유지은

❝ 현장 경험이 녹아든 핵심 키워드 구성 덕분에 일본 문화 수업의 흐름을 한층 선명하게 그려볼 수 있습니다. 교과서와 수업 사이의 간극을 채워 주는, 교사에게 꼭 필요한 책입니다.
— 순천팔마고등학교, 오현태

❝ 다양한 내용을 체계적으로 구성하고 요점만 간단하게 설명해 놓아 지루하지 않습니다. 이 책 한 권이면 일본을 보다 쉽고 빠르게 이해할 수 있을 것 같습니다.
— 대전괴정고등학교, 이효정

❝ 수업 시 학생들 수준에 맞춰 참고할 만한 자료가 많지 않아 여기저기 찾아 헤매는 어려움이 있었는데, 드디어 학생들에게 일본 문화를 쉽게 접근하게 해줄 수 있는 책이 나와서 너무 기쁩니다!
— 대전외국어고등학교, 유지현

1장

이웃 나라 일본

섬나라 일본

★★★
니혼코쿠
に ほんこく
(日本国)

일본의 공식 국명으로, '일본국'이라는 뜻이다. '니혼(日本)'은 '해가 떠오르는 나라'를 의미하며, 여기에 '국(国)'을 붙여 일본이라는 나라를 공식적으로 지칭한다.

★★★
니혼
(にほん)

'일본(日本)'의 일본식 발음으로, 일본에서 자국을 부를 때 가장 일반적으로 사용하는 표현이다. '해(日)'와 '근본(本)'이 합쳐져 동쪽에 위치한 나라라는 의미를 담고 있다.

★★★
닛폰
(にっぽん)

'일본(日本)'의 또 다른 발음으로, '니혼'과 의미는 같다. 공식적인 자리나 국제 행사에서 자국을 가리킬 때 '닛폰'이라고 하는 경우가 있다.

'니혼'이나 '닛폰'이나 다 일본을 뜻한다냥.

★★★

홋카이도
(北海道)
ほっかいどう

일본 최북단에 위치한 섬이자 일본의 47개 도도부현 중 하나이다. 광활한 자연환경과 눈 덮인 겨울 풍경으로 유명하며, 삿포로 눈 축제, 온천, 스키 관광지로 잘 알려져 있다. 예로부터 원주민인 아이누 민족의 문화가 남아 있는 지역으로도 주목받고 있다. 농업과 축산업이 발달해 있으며, 신선한 해산물과 유제품도 매우 유명하다.

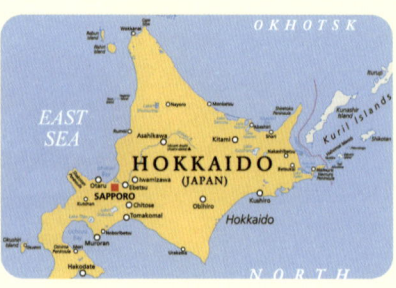

★★★

혼슈
(本州)
ほんしゅう

일본에서 가장 면적이 넓으며 인구가 많은 섬으로, 일본 열도의 중심을 이루는 지역이다. 도쿄, 오사카, 교토, 히로시마 등 주요 도시들이 위치해 정치, 경제, 문화의 중심지 역할을 한다. 북쪽은 도호쿠, 중부는 주부, 남쪽은 긴키·주고쿠 지역으로 나뉘며, 다양한 자연환경과 기후를 지닌다. 산악 지형이 많고, 후지산도 혼슈에 위치해 있으며, 일본에서 가장 중요한 섬으로 여겨진다.

시코쿠
しこく
(四国) ★★★

일본의 4개 주요 섬 중 하나인 시코쿠 섬을 중심으로 한 지역으로, 도쿠시마, 가가와, 에히메, 고치의 4개 현으로 구성되어 있다. 아름다운 자연 경관과 온화한 기후가 특징이며, 88개 사찰을 순례하는 시코쿠 순례길로도 유명하다. 시코쿠 지방은 일본의 전통문화와 자연을 경험할 수 있는 한적하고 매력적인 지역이다.

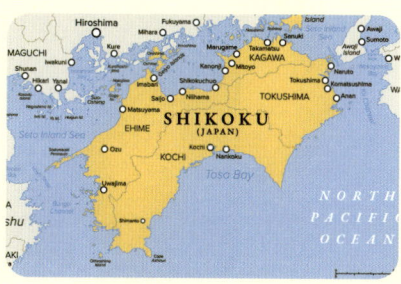

규슈
きゅうしゅう
(九州) ★★★

일본의 남서부에 위치한 섬인 규슈와 주변 작은 섬들로 구성된 지역이다. 후쿠오카, 사가, 나가사키, 구마모토, 오이타, 미야자키, 가고시마 등 7개 현으로 이루어져 있다. 온난한 기후와 활화산, 온천이 많아 관광 명소로 인기가 높으며, 후쿠오카와 나가사키처럼 외국과의 교류가 활발했던 역사적 배경 덕분에 다양한 문화적 영향을 많이 받았다.

규슈는 따뜻한 기후와 화산, 온천이 유명하다냥.

★★☆

일본 알프스
(日本アルプス)
にほん

혼슈 중앙부에 위치한 산악 지대를 가리키는 이름으로, 유럽의 알프스 산맥에 비유하여 붙여진 별칭이다. 북알프스, 중앙알프스, 남알프스 세 구역으로 나뉘며, 높은 산과 아름다운 경관으로 유명하다. 등산과 하이킹, 스키 등 아웃도어 활동의 명소로, 특히 산악 풍경을 즐기려는 사람들에게 인기가 많다.

★☆☆

난세이 제도
(南西諸島)
なんせいしょとう

일본의 남서쪽에 위치한 섬들로 이루어진 군도를 가리키며, 규슈에서 대만에 이르는 길고 좁은 섬 지역이다. 주요 섬으로는 오키나와와 아마미 제도 등이 포함되어 있으며, 아열대 기후로 아름다운 해변과 독특한 생태계를 자랑한다. 일본 본토와는 다른 문화와 전통을 가지고 있어 관광지로도 인기가 많다.

★☆☆
세토우치
(瀬戸内)
せ と うち

혼슈와 시코쿠 사이에 위치한 세토 내해(瀬戸内海) 지역을 가리키는 말이다. 온화한 기후와 아름다운 다도해 경관으로 유명하며, 예부터 해상 교통의 중심지로 발전했으며, 어업과 항만 산업도 발달했다. 최근에는 세토우치 국제예술제 등 문화예술 활동으로도 주목받고 있다.

행정 구역과 관광지

★★★

도도부현
とどうふけん
(都道府県)

일본의 행정 구역을 나타내는 용어로, 47개 지방 자치 단위를 가리킨다. 이들은 각각 '도(都)', '도(道)', '부(府)', '현(県)'으로 구성되어 있다.

도(都): 특별 행정 구역으로, 도쿄도(東京都) 하나만 있다.

도(道): 홋카이도(北海道)를 의미한다.

부(府): 대도시 주변의 행정 구역으로, 오사카부(大阪府)와 교토부(京都府)가 있다.

현(県): 일반적인 행정 구역으로, 나머지 43개 지역이 이에 속한다.

★★☆

동일본
(東日本)
ひがし に ほん

일본의 동쪽 지역을 의미하며, 주로 혼슈의 동부 지방을 가리킨다. 도쿄를 중심으로 한 간토 지방과 도호쿠 지방 등이 포함된다. 일본의 경제, 정치 중심지인 도쿄가 위치해 있어 일본에서 중요한 역할을 한다.

★★☆

서일본
(西日本)
にし に ほん

일본의 서쪽 지역을 의미하며, 오사카, 교토, 히로시마와 같은 주요 도시들이 위치해 있다. 간사이, 주고쿠와 같은 혼슈의 서부 지방과 시코쿠, 규슈 지방 등이 속한다. 독특한 문화와 전통이 발달한 지역으로, 동일본과는 방언, 음식 문화 등에서 차이가 있다.

★★☆

홋카이도 지방
(北海道)
ほっかいどう

일본 최북단에 위치한 지역으로, 홋카이도 섬 하나로 이루어져 있다. 일본의 다른 지역보다 추운 기후와 광활한 자연 경관이 특징이며, 여름에는 시원한 기후 덕분에 피서지로, 겨울에는 눈이 많이 내려 스키와 같은 겨울 스포츠 명소로 인기가 높다.

北海道地方 HOKKAIDO

北海道 HOKKAIDO

★☆☆

홋카이도대학
(北海道大学)
ほっかいどうだいがく

홋카이도 삿포로시에 위치한 국립 대학으로, 1876년에 삿포로 농업학교로 설립되어 일본에서 가장 오래된 대학 중 하나이다. 농업, 생명과학, 환경 분야에서 특히 유명하다. 아름다운 캠퍼스와 역사적인 건축물로 관광지로도 인기가 많다.

★★☆

삿포로
さっぽろ
(札幌)

홋카이도의 중심 도시로, 아이누어로 '건조한 대지와 큰 강이 만나는 곳'을 뜻한다. 겨울 축제인 삿포로 눈축제와 맥주로 유명하며, 아름다운 자연과 활기찬 도시가 어우러진 관광지이다.

★☆☆

삿포로시 시계탑
さっぽろ し と けいとう
(札幌市時計塔)

홋카이도 삿포로시에 있는 역사적인 건축물로, 1878년에 삿포로 농업학교(현 홋카이도대학)의 연무장(演武場)으로 지어졌으며, 지금도 매 시간 종소리를 울려 삿포로의 상징적인 관광지로 사랑받고 있다.

★☆☆

삿포로 TV타워
(札幌テレビ塔)
さっぽろ とう

홋카이도 삿포로시의 오도리 공원에 위치한 방송 송신 및 전망 타워로, 1957년에 건설되었다. 높이 약 147m로, 전망대에서 삿포로 시내와 주변 경관을 한눈에 볼 수 있다. 삿포로의 랜드마크이자 인기 관광 명소이다.

★★☆

오도리 공원
(大通公園)
おおどおりこうえん

홋카이도 삿포로시의 중심을 가로지르는 길이 1.5km의 공원으로, '큰 거리 공원'이라는 뜻이다. 사계절 다양한 행사와 축제가 열리며, 특히 겨울철 삿포로 눈 축제의 주요 개최지로 유명하다. 시민들과 관광객들에게 인기 있는 휴식 공간이다.

★☆☆

오쿠라야마 전망대
おおくらやまてんぼうだい
(大倉山展望台)

홋카이도 삿포로 시내와 주변 산들을 한눈에 볼 수 있는 명소이다. 스키 점프 경기장이 유명한데 1972년 삿포로 동계 올림픽에서도 사용되었다. 아름다운 경관과 스포츠 역사를 함께 즐길 수 있는 관광지이다.

★★☆

도호쿠 지방
とうほく ち ほう
(東北地方)

혼슈 북동부에 위치한 지역이다. 아오모리, 아키타, 이와테, 미야기, 야마가타, 후쿠시마 등 6개 현으로 이루어져 있다. 산악 지형이 많고, 겨울철 눈이 많이 내리는 것으로 유명하며, 전통적인 농업과 자연 경관, 온천으로도 잘 알려져 있다.

★★☆

아오모리현
(青森県)
あおもりけん

혼슈 북쪽 끝에 위치한 현으로, 자연 경관이 아름답고 사과 생산으로 유명한 지역이다. '아오모리'는 '푸른 숲'을 뜻하며, 이 지역의 풍부한 산림과 자연을 반영한 이름이다. 겨울에는 눈이 많이 내리는 곳으로, 온천과 설경이 인기를 끌며, 일본의 대표적인 관광지 중 하나이다.

사과 품종 중 하나인 아오리 사과가 아오모리현에서 재배된 사과다냥.

★★☆

미야기현
(宮城県)
みやぎけん

도호쿠 지방에 위치한 현으로, 현청 소재지는 센다이시이다. 도호쿠 지방의 경제와 문화 중심지이며, 자연 경관이 아름답고 역사적인 명소가 많다. 대표 관광지로는 마쓰시마 해안이 있는데 일본 3대 절경 중 하나로 손꼽힌다. 또한 겨울 스포츠와 온천이 유명하다.

★★☆

마쓰시마
まつしま
(松島)

미야기현에 위치한 해안 지역으로, 일본 3대 절경 중 하나로 손꼽힌다. 수백 개의 작은 섬들이 바다에 점점이 떠 있어 독특하고 아름다운 풍경을 이루며, 특히 일출과 일몰 시간이 절경으로 유명하다. 유서 깊은 사찰과 신사들이 많아, 자연과 함께 일본 전통문화를 체험할 수 있다.

★★☆

야마가타현
やまがたけん
(山形県)

도호쿠 지방에 위치한 현으로, 자연 경관과 온천으로 유명하다. 특히 가을의 단풍과 겨울의 설경이 아름답다. 체리와 같은 과일 재배가 활발하며, 규니쿠도만나카(특제 소스로 조리한 소고기덮밥 도시락) 같은 지역 특산 에키벤도 인기가 많다. 전통 온천 마을과 풍부한 자연을 배경으로 한 휴양지로서 일본 내외에서 사랑받고 있다.

★★☆

간토 지방
かんとう ちほう
(関東地方)

혼슈 동부에 위치한 지역으로, 도쿄, 가나가와, 사이타마, 지바, 이바라키, 군마, 도치기 등 7개 행정 구역으로 이루어져 있다. 도쿄가 속해 있어 일본에서 가장 인구가 많은 지역이며, 현대적인 도시 생활과 풍부한 문화 자원이 공존하는 곳이다.

★★★

도쿄
とうきょう
(東京)

일본의 수도이자 정치, 경제, 문화의 중심지로, 세계적인 대도시 중 하나이다. 원래 '에도'라는 이름이었으나, 1868년 메이지 유신 이후 '동쪽의 수도'라는 뜻의 '도쿄'로 이름이 바뀌었다. 고층 빌딩과 번화한 거리, 역사적인 신사와 전통이 공존하는 도시이다. 일본 정부 기관과 기업 본사들이 밀집해 있으며, 국제적인 관광지로도 많은 사랑을 받고 있다.

★★☆

고쿄
こうきょ
(皇居)

도쿄에 위치한 일왕의 거처이자 일본 왕실의 공식 거주지이다. 과거 에도성이 있었던 자리이며 넓은 정원과 해자로 둘러싸여 있다. 일부 구역은 일반인에게 개방되어 관광지로도 유명하다.

★★☆

도쿄 스카이트리
とうきょう
(東京
スカイツリー)

도쿄에 위치한 방송 송신 타워로, 높이 634m이며 2012년에 개장했다. 전망대에서 도쿄 전경을 감상할 수 있는 관광 명소이자, 방송 송신과 상업 시설을 겸한 도쿄의 랜드마크이다.

도쿄 스카이트리는 세계에서 가장 높은 전파탑이다냥.

★★☆

센소지
(浅草寺)
せんそうじ

도쿄 아사쿠사에 위치한 일본에서 가장 오래된 절 중 하나이며 7세기에 세워졌다. 관세음보살을 모시는 사찰이며, '가미나리몬(雷門)'이라는 문과 큰 등불이 있는 입구가 특히 상징적이다. 도쿄의 대표적인 관광지 중 하나로 많은 방문객들이 찾는다.

> 센소지 입구에 들어서면 길 양 옆으로 '나카미세도리'라는 일본에서 가장 오래된 상점가가 있다냥.

★★☆

시부야
(渋谷)
しぶや

도쿄에 위치한 상업 및 유흥 지역으로, 젊은이들의 패션과 문화 중심지로 유명하다. 세계적으로도 유명한 랜드마크인 시부야 스크램블 교차로에서는 많은 사람들이 한꺼번에 횡단하는 독특한 풍경을 볼 수 있다. 다양한 쇼핑몰, 레스토랑, 카페, 패션 매장 등이 즐비해 최신 유행을 만나 볼 수 있는 곳이다. 밤낮으로 활기차고 화려한 분위기를 즐길 수 있다.

★★☆
지바현
(千葉県)
ちばけん

간토 지방에 위치한 현으로, 도쿄와 가깝고 도쿄만에 면해 있다. 수도권의 일부로 교통이 발달해 있으며, 일본 최대의 국제공항인 나리타 공항이 위치해 해외 교통의 중심지 역할을 한다. 도쿄 디즈니 리조트가 있어 관광지로도 유명하다. 또한 해산물과 농산물 생산이 활발해 신선한 먹거리와 자연환경을 자랑하는 지역이다.

★★☆
가나가와현
(神奈川県)
かながわけん

간토 지방에 위치한 현으로, 수도 도쿄와 인접해 있어 교통과 경제의 중심지이다. 요코하마, 가마쿠라, 하코네 등 유명한 관광지가 있으며, 역사적 유적지와 온천, 자연 경관이 풍부하다. 요코하마의 차이나타운과 미나토미라이 지역은 특히 관광객들에게 인기가 많다. 다양한 문화와 현대적 도시의 매력이 어우러져 일본의 주요 관광지 중 하나로 손꼽힌다.

★★☆

하코네
はこ ね
(箱根)

도쿄에서 가까운 온천 관광지로, 아름다운 자연 경관과 후지산을 감상할 수 있는 명소이다. 아시노코 유람선, 하코네 유모토 온천, 하코네 신사 등이 유명하다. 일본 전통 료칸과 노천탕 체험이 가능하여 온천 여행지로 인기가 많다. 예술과 문화를 즐길 수 있는 하코네 조각의 숲 미술관도 많은 관광객이 찾는 명소이다.

★★☆

가마쿠라 대불
かまくらだいぶつ
(鎌倉大仏)

가나가와현 가마쿠라시에 있는 높이 약 11.3m의 청동 불상이다. 13세기에 세워진 아미타불 좌상이며, 일본의 국보로 지정되어 있다. 원래는 목조로 만들어졌으나 태풍과 해일로 파손된 후 현재의 청동 불상으로 재건되었다. 일본 불교 문화의 상징적 유산으로, 많은 관광객이 찾는 명소이다.

★★☆

닛코
(日光)

도쿄 북쪽에 위치한 역사적인 관광지로, 일본의 유네스코 세계유산 중 하나인 닛코 도쇼구가 유명하다. 도쇼구는 에도 막부의 창시자인 도쿠가와 이에야스의 위패가 있는 화려한 신사이다. 주변에는 게곤 폭포, 주젠지 호수 등 아름다운 자연 경관이 펼쳐져 있어 사계절 내내 관광객이 많이 찾는다. 일본 전통 온천 지역도 있어 역사와 자연을 동시에 즐길 수 있는 대표적인 여행지이다.

★★☆

군마현
(群馬県)

간토 지방에 위치한 현으로, 온천과 자연 경관으로 유명하다. 대표적인 온천지인 구사쓰 온천은 일본 3대 온천 중 하나이다. 또한 산악 지형이 많아 등산과 스키 같은 야외 활동을 즐기기 좋다. 도쿄에서 접근성이 좋아 휴양을 위해 많은 사람들이 찾는다.

★★☆
구사쓰 온천
(草津温泉)
くさ つ おんせん

군마현에 위치한 유명 온천지로, 일본 3대 온천 중 하나로 손꼽힌다. 자연적으로 끓어오르는 고온의 온천수에 강한 살균 효과가 있어 치유 온천으로 잘 알려져 있으며, '유바타케'라 불리는 온천수 처리 시설이 상징적인 명소이다. 다양한 온천 시설과 료칸이 있어 휴양지로 인기가 높다.

아리마 온천, 게로 온천과 함께 일본의 3대 온천 중 하나다냥.

★★☆
이바라키현
(茨城県)
いばら き けん

간토 지방에 위치한 현으로, 도쿄에서 가깝다. 현청 소재지는 미토시이며, 일본 3대 정원 중 하나인 가이라쿠엔과 우아한 매화나무가 특히 유명하다. 히타치 해변공원의 끝없이 펼쳐진 꽃밭과 가을의 국화 축제 등을 통해 사계절 내내 아름다운 자연을 만끽할 수 있다.

★★☆
가이라쿠엔
_{かいらくえん}
(偕楽園)

이바라키현 미토시에 위치한 일본 3대 정원 중 하나로, 에도 시대에 만들어진 아름다운 정원이다. '함께 즐기는 정원'이라는 뜻으로, 일반 시민들도 즐길 수 있도록 개방된 것이 특징이다. 특히 3,000그루 이상의 매화나무로 유명하며, 매년 봄에 매화 축제가 열린다.

고라쿠엔, 겐로쿠엔과 함께 일본의 3대 정원 중 하나다냥.

★★☆
주부 지방
_{ちゅうぶちほう}
(中部地方)

혼슈 중앙부에 위치한 지역으로, 니가타, 도야마, 이시카와, 후쿠이, 야마나시, 나가노, 기후, 시즈오카, 아이치 등 9개 현으로 이루어져 있다. 일본을 동서로 나누는 중심부에 위치해 있으며, 일본 알프스와 같은 산악 지형과 해안 지대가 공존해 자연 경관이 다양하다. 또한, 전통 공예와 온천, 역사적 유산으로 유명한 곳도 많다.

★★☆

기후현
(岐阜県)

주부 지방에 위치한 현으로, 역사적인 마을과 아름다운 자연 경관으로 유명하다. 특히 에도 시대의 모습을 간직한 전통 마을 다카야마와 유네스코 세계문화유산으로 지정된 시라카와고의 갓쇼즈쿠리 가옥이 대표적인 관광지이다. 일본의 중심부에 있어 교통 요지로도 중요하며, 계절마다 다양한 축제와 풍경을 즐길 수 있다.

★★☆

게로 온천
(下呂温泉)

기후현에 위치한 온천지로, 일본 3대 온천 중 하나로 손꼽히는 유명한 온천 마을이다. 부드럽고 매끄러운 온천수가 피부에 좋다고 알려져 '미인 온천'으로 불리며, 노천탕과 전통 료칸이 많아 온천을 즐기기 좋은 곳이다. 강가를 따라 온천 거리가 조성되어 있어 산책하기도 좋다.

> 아리마 온천, 구사쓰 온천과 함께 일본의 3대 온천 중 하나다냥.

★★☆

이시카와현
(石川県)
いしかわけん

주부 지방에 위치한 현으로, 동해와 접해 있어 해안과 산악 경관이 아름다운 곳이다. 현청 소재지는 가나자와시로, 일본 3대 정원 중 하나인 겐로쿠엔과 가나자와성, 전통적인 히가시 차야 거리 등이 주요 관광지이다. 이시카와현은 전통 공예품인 금박과 와지마 칠기로도 유명하며, 일본 전통문화와 예술을 깊이 체험할 수 있다.

★★☆

겐로쿠엔
(兼六園)
けんろくえん

이시카와현 가나자와시에 위치한 일본 3대 정원 중 하나로, 아름다운 조경과 사계절의 풍경이 어우러진 명소이다. 에도 시대에 만들어진 정원으로, 넓은 연못과 인공 섬, 다리, 정자 등이 조화를 이루며 일본 전통 정원의 매력을 보여 준다. 일본의 정원 예술을 대표하는 곳으로 많은 관광객이 방문하는 필수 여행지이다.

> 고라쿠엔, 가이라쿠엔과 함께 일본의 3대 정원으로 꼽힌다냥.

★★☆
도야마현
とやまけん
(富山県)

주부 지방에 위치한 현으로, 아름다운 자연 경관과 풍부한 해산물로 유명하다. 특히 일본 알프스 산맥이 이어져 있어 다테야마 구로베 알펜 루트 등 관광 명소가 많다. 도야마만에서 잡히는 신선한 해산물은 '도야마만의 보물'로 불리며, 지역 특산 요리로 사랑받고 있다. 전통 에키벤인 마스노스시(송어 초밥)도 이 지역을 대표하는 음식 중 하나이다.

★★☆
지고쿠다니
じごくだに
(地獄谷)

나가노현에 위치한 온천 지역으로, '지옥 계곡'이라는 뜻을 가지고 있다. 겨울철에 온천을 즐기는 야생 원숭이, '스노우 몽키'로 유명하며 많은 관광객이 찾는 명소이다. 지열 활동이 활발해 유황 냄새와 함께 김이 피어오르는 독특한 풍경을 자아낸다. 아름다운 자연과 특별한 야생동물 체험을 통해 대표적인 온천 관광지 중 하나로 자리 잡고 있다.

★★☆

긴키 지방
(近畿地方)
きんきちほう

혼슈 중서부에 위치한 지역으로, 오사카, 교토, 효고, 나라, 시가, 와카야마, 미에 등 7개 행정 구역으로 이루어져 있다. 일본의 역사와 문화의 중심지로, 교토와 나라 같은 전통적인 도시와 오사카 같은 현대적인 대도시가 공존한다. 주요 관광지와 문화유산이 많아 일본 문화를 깊이 경험할 수 있는 지역으로 알려져 있다.

★★★

오사카
(大阪)
おおさか

간사이 지방에 위치한 대도시로, 상업과 경제의 중심지로 오랜 역사를 가지고 있다. 에도 시대부터 '일본의 부엌'이라 불릴 만큼 식문화가 발달했으며, 다코야키와 오코노미야키 같은 서민 음식으로 유명하다. 활기찬 상업 문화와 유쾌한 지역성으로 알려져 있으며, 오사카성 등 역사적 유산도 많다. 교통의 요충지로서 교토, 나라, 고베 등과의 접근성도 뛰어나다.

★★☆

오사카성
おおさかじょう
(大阪城)

오사카에 위치한 역사적인 성으로, 전국 시대에 도요토미 히데요시에 의해 건설되었다. 1583년에 착공된 이 성은 일본의 중요한 문화유산 중 하나로, 당시 권력과 부를 상징하는 건축물이었으며, 이후 여러 역사적 사건과 전쟁을 겪으며 재건과 보수가 이루어졌다.

★★☆

도요토미 히데요시
とよとみひでよし
(豊臣秀吉)

전국 시대의 대표적인 무장으로, 오다 노부나가의 뒤를 이어 일본을 통일한 인물이다. 농민 출신으로, 뛰어난 정치력과 군사력을 바탕으로 점차 권력을 쌓아 결국 일본 전역을 다스리게 되었다. 통일 후 토지 제도를 개혁하고 검문 정책을 시행하며 사회를 안정시키고, 조선을 침략해 임진왜란을 일으키기도 했다.

★★☆

도톤보리
どうとんぼり
(道頓堀)

오사카에 있는 관광 및 유흥 지역이다. 도톤보리 강을 따라 다양한 상점과 맛집이 늘어서 있으며, 활기찬 분위기를 느낄 수 있다. 오코노미야키, 다코야키 등 오사카 특유의 음식을 맛볼 수 있어 많은 관광객이 찾는다. 화려한 네온사인으로 유명하며, 특히 '글리코 간판'이 포토 스팟으로 손꼽힌다.

오사카의 명물 글리코상이 여기 있다냥.

★★☆

유니버설 스튜디오 재팬
(ユニバーサル・スタジオジャパン, USJ)

오사카에 위치한 대형 테마파크로, 영화와 TV 프로그램을 테마로 한 다양한 놀이기구와 어트랙션을 제공한다. 인기 영화인 〈해리 포터〉, 〈쥬라기 공원〉, 〈슈퍼 마리오〉 등의 테마 구역이 있어 영화 속 장면을 체험할 수 있다.

오사카에 오면 놀러 오라냥.

★★☆

가이유칸
かいゆうかん
(海遊館)

오사카에 위치한 세계 최대 규모의 수족관 중 하나로, 다양한 해양 생물을 가까이에서 관찰할 수 있는 명소이다. 태평양을 중심으로 한 여러 전시 구역이 있어, 각 지역의 생태계를 재현한 독특한 수조를 통해 여러 해양 생물을 만날 수 있다. 특히 고래상어가 있는 거대한 중앙 수조가 대표적인 볼거리이다.

★★★

교토
きょうと
(京都)

일본의 옛 수도로, 천 년 이상 일본의 정치와 문화의 중심지였다. '수도의 도시'라는 뜻을 가진 이름처럼, 전통적인 건축물과 문화유산이 잘 보존되어 있다. 기요미즈데라, 금각사, 후시미이나리신사 등 수많은 사찰과 신사가 유명하다. 일본의 전통 예술, 다도, 기모노 문화가 살아 있는 역사와 전통의 도시이다.

일본의 역사와 전통을 만끽할 수 있는 도시다냥.

★★☆

기요미즈데라
きよみずでら
(清水寺)

교토에 위치한 유서 깊은 사찰로, 780년에 창건된 일본의 중요한 문화유산이다. 절 이름은 '맑은 물의 절'이라는 뜻이다. 본당에서 바라보는 전망이 아름다워 사계절 내내 관광객이 많이 찾으며, 특히 봄 벚꽃과 가을 단풍 시기에 인기가 많다. 기요미즈데라의 목조 건물은 일본 전통 건축의 뛰어난 기술을 보여 주는 대표적인 예이다.

★★☆

니넨자카
に ねんざか
(二年坂)

교토에 위치한 전통 거리로, 기요미즈데라로 이어지는 경사길 중 하나이다. 전통 목조 가옥이 늘어서 있어 교토의 옛 정취를 느낄 수 있으며, 기념품 가게, 찻집, 음식점 등이 즐비하여 일본 문화를 체험하기에 좋다. 계단에서 넘어지면 2년 안에 불운이 온다는 재미있는 전설도 있어 관광객들에게 더욱 흥미로운 장소로 알려져 있다.

★★☆

산넨자카
さんねんざか
(三年坂)

기요미즈데라 근처에 위치한 경사길로, 니넨자카와 함께 교토의 옛 정취를 느낄 수 있는 명소이다. 돌계단과 고풍스러운 목조 건물이 늘어서 있어 전통적인 분위기를 만끽할 수 있으며, 기념품 가게와 찻집, 음식점이 많아 관광객들이 많이 찾는다. 이곳을 오르내리다 넘어지면 3년 안에 불운이 온다는 전설이 있어 주의를 기울이며 걷는 재미가 있다.

★★☆

긴카쿠지
きんかくじ
(金閣寺)

교토에 있는 유명한 사찰로, 건물 외관이 금박으로 덮여 있어 화려한 아름다움을 자랑한다. 원래는 무로마치 시대 쇼군 아시카가 요시미쓰의 별장이었으며, 그의 사후에 선종 사찰로 바뀌었다. 연못과 정원으로 둘러싸여 있어 계절마다 아름다운 경관을 감상할 수 있다. 일본의 대표적인 관광 명소이자 세계문화유산으로 지정된 유서 깊은 장소이다.

★★☆

아라시야마
あらしやま
(嵐山)

교토에 위치한 유명한 관광지로, 아름다운 자연 경관과 역사적인 명소가 조화를 이루는 곳이다. 특히 대나무숲 산책로와 도게쓰교가 유명하며, 계절마다 다른 매력을 보여 주는 아름다운 풍경으로 많은 사람들이 방문한다. 봄에는 벚꽃, 가을에는 단풍 명소로 인기가 많으며 사진 촬영지로도 사랑받고 있다.

★★☆

아마노하시다테
あまのはしだて
(天橋立)

'천상의 다리'라는 뜻으로 교토부에 위치한 모래사장 지형을 말한다. 일본 3대 절경 중 하나로 꼽히는 아름다운 자연 명소이다. 약 3.6km에 걸쳐 소나무가 우거진 모래톱이 바다를 가로지르며 다리처럼 연결된 모습을 볼 수 있다. 거꾸로 보면 하늘로 이어진 다리처럼 보인다고 한다.

일본 3대 절경 중 하나로 '천상의 다리'라는 뜻이다냥.

★★☆

나라
なら
(奈良)

긴키 지방에 위치하고 있으며, 일본 최초의 수도로 유서 깊은 도시이다. '나라'라는 이름의 유래는 명확하지 않으나, 평평한 땅을 뜻하는 고대 일본어에서 유래되었다고도 한다. 대불로 유명한 도다이지가 있으며, 고분과 고대 유적지들이 많아 일본 불교와 전통문화의 중심지로 여겨진다.

'나라'에는 사슴들이 자유롭게 뛰어노는 나라공원도 있다냥.

★★☆

도다이지
とうだいじ
(東大寺)

나라현에 위치한 불교 사찰로, 8세기 나라 시대에 건립된 일본 불교의 중심지이다. 사찰의 본당인 '대불전'은 세계에서 가장 큰 목조 건축물 중 하나이며, 그 안에 거대한 청동 대불상이 있다. 유네스코 세계문화유산으로 지정되어 있으며, 일본 불교의 역사와 문화를 대표하는 상징적 장소이다. 관광 명소이자 일본 전통 건축과 예술의 정수를 보여 주는 유산이기도 하다.

★★☆

효고현
(兵庫県)
ひょう ご けん

간사이 지방에 위치한 현으로, 역사적 명소와 아름다운 자연이 어우러진 지역이다. 현청 소재지는 고베시로, 고베항과 이국적인 분위기의 거리가 유명하며, 일본을 대표하는 항구 도시 중 하나이다. 효고현에는 세계문화유산인 히메지성이 있으며, 아리마 온천과 같은 전통 온천지도 많다.

★★☆

아리마 온천
(有馬温泉)
あり ま おんせん

효고현 고베시에 위치한 일본에서 가장 오래된 온천지 중 하나로, 일본 3대 온천 중 하나이다. 이곳의 온천수는 철분이 많은 붉은색 온천수 '긴센(金泉)'과 무색의 탄산천 '긴센(銀泉)'으로 나뉜다. 전통 료칸과 노천탕이 많아 일본 온천 문화를 깊이 체험할 수 있다.

> 구사쓰 온천, 게로 온천과 함께 일본의 3대 온천 중 하나다냥.

★★☆

주고쿠 지방
(中国地方)
ちゅうごく ち ほう

혼슈 서쪽에 위치한 지역으로, 돗토리, 시마네, 오카야마, 히로시마, 야마구치 등 5개 현으로 이루어져 있다. 산인 지방(북부)과 산요 지방(남부)으로 나뉘며, 한쪽은 동해, 다른 한쪽은 세토 내해를 접하고 있어 풍부한 자연 경관과 해산물로 유명하다. 히로시마의 원폭 돔과 이쓰쿠시마 신사 등 역사적인 문화유산이 많은 곳이다.

★★☆

히로시마
(広島)
ひろしま

주고쿠 지방에 위치한 도시로, '넓은 섬'이라는 뜻을 가지고 있다. 제2차 세계대전 중 원자폭탄이 투하된 역사적인 장소로 잘 알려져 있으며, 평화 기념 공원과 원폭 돔이 위치하여 평화를 상징하는 도시로도 유명하다.

★★☆

미야지마
みやじま
(宮島)

히로시마현에 위치한 섬으로, 일본 3대 절경 중 하나로 유명한 관광지이다. 이쓰쿠시마 신사의 바다 위에 떠 있는 붉은 도리이가 대표적인 상징이며, 썰물과 밀물에 따라 다른 경관을 감상할 수 있다. 섬 전체가 신성한 장소로 여겨지며, 전통과 자연이 어우러진 독특한 분위기를 느낄 수 있다.

바다 위에 떠 있는 붉은 도리이가 정말 멋지다냥.

★★☆

오카야마현
おかやまけん
(岡山県)

주고쿠 지방에 위치한 온화한 기후의 지역으로, '햇빛의 나라(晴れの国)'로 불릴 만큼 맑은 날이 많다. 일본 3대 정원 중 하나인 '고라쿠엔'과 도자기, 복숭아, 청포도로 유명하며, 옛 일본 설화 '모모타로'의 배경지로도 잘 알려져 있다.

★★☆

고라쿠엔
_{こうらくえん}
(後楽園)

오카야마현 오카야마시에 위치한 일본 3대 정원 중 하나로, 에도 시대에 만들어진 아름다운 정원이다. 광대한 녹지와 연못, 다실 등이 조화를 이루며 일본 전통 정원의 미학을 보여 준다. 계절마다 다양한 꽃과 나무가 피어나며, 특히 봄의 벚꽃과 가을의 단풍이 절경을 이룬다.

가이라쿠엔, 겐로쿠엔과 함께 일본의 3대 정원 중 하나다냥.

★★★

후쿠오카
_{ふくおか}
(福岡)

규슈 지역의 중심 도시이자 일본과 한국을 잇는 관문으로, 활기찬 도시 분위기와 전통이 조화를 이루며 유명한 라멘과 야타이(포장마차) 문화로도 잘 알려져 있다. 자연과 도심이 잘 어우러진 하카타와 덴진 지역은 쇼핑, 음식, 역사 체험이 모두 가능한 인기 관광지이며, 공항에서 시내까지의 접근성도 매우 뛰어나다.

'후쿠오카' 하면 미식의 도시로도 유명하다냥.

★★☆

후쿠오카 타워
(福岡タワー)
ふくおか

후쿠오카에 위치한 높이 234m의 랜드마크 타워로, 일본에서 가장 높은 해안가 타워로 알려져 있다. 삼각형 단면의 독특한 디자인과 유리 외관이 특징이며, 전망대에서 후쿠오카 시내와 하카타만을 한눈에 감상할 수 있다. 특히 일몰과 야경이 아름다워 많은 관광객이 찾는 인기 명소이다.

★★☆

캐널시티하카타
(キャナルシティ
博多)
はかた

후쿠오카에 위치한 대형 복합 쇼핑몰로, '도시 속 운하'라는 별명을 가지고 있다. 쇼핑몰 중심에 실제 운하가 흐르고 있으며, 그 주변에 다양한 상점, 레스토랑, 영화관, 호텔 등이 자리해 있어 하루 종일 즐길 수 있는 공간이다. 정기적으로 열리는 분수쇼와 이벤트가 인기를 끌고 있다.

★★☆

모모치 해변공원
(ももち
かいひんこうえん
海浜公園)

후쿠오카에 위치한 인공 해변으로, 시내에서 가까워 많은 현지인과 관광객이 찾는 휴식 공간이다. 후쿠오카 타워 근처에 있어 아름다운 도심 경관과 바다 풍경을 동시에 즐길 수 있다. 해변 산책로, 카페, 레스토랑 등이 잘 갖춰져 있으며, 여름철에는 수영과 다양한 해양 스포츠를 즐기기에 좋다.

★★☆

구마모토성
くまもとじょう
(熊本城)

구마모토현에 위치한 성으로, 에도 시대 초기에 건축된 대표적 성곽 중 하나이다. 두꺼운 돌담과 전략적인 설계로 유명하다. 2016년 구마모토 지진으로 인해 큰 피해를 입었으나, 복구 작업이 진행 중이며 일부 구역은 관광객에게 개방되었다. 일본 역사와 건축 기술의 상징으로 많은 사람들이 방문하는 명소이다.

★★☆

나가사키
(長崎)
ながさき

규슈 서쪽에 위치한 도시로, '긴 곳'이라는 뜻을 가지고 있다. 과거 서양과의 무역이 이루어진 항구 도시이며, 제2차 세계대전 중 원자폭탄이 투하된 도시로도 잘 알려져 있다.

'나가사키 짬뽕'이 나가사키의 명물 중 하나다냥.

★★★

오키나와
(沖縄)
おきなわ

일본 남서부에 위치한 섬이자 현으로, 난세이 제도의 가장 남쪽에 있다. '오키나와'는 '먼 바다에 떠 있는 섬'이라는 뜻을 가지며, 아열대 기후와 아름다운 해변으로 유명하다. 과거에는 류큐 왕국으로 존재했으며, 일본 본토와는 다른 독특한 문화와 전통을 지니고 있다. 전통 음악, 음식, 의복, 건축 등이 특색 있고, 중국과 동남아 문화의 영향도 엿볼 수 있다. 슈리성, 히메유리의 탑, 평화기념공원 등 역사 유적지와 함께 해양 스포츠 관광지로도 인기가 많다.

★☆☆

류큐
(琉球)
りゅうきゅう

현재의 오키나와 지역과 주변 섬들을 포함하는 옛 지명으로, 한때 독립된 류큐 왕국이 이 지역을 다스렸다. 류큐 왕국은 중국과 일본을 비롯한 여러 나라와 교류하며 독자적인 언어와 문화, 전통을 발전시켰다. 19세기 후반 일본에 병합되어 오키나와현이 되었지만, 지금도 고유한 류큐 문화가 남아 있어 일본 내에서도 독특한 지역으로 여겨진다.

★★☆

나하
(那覇)
なは

오키나와현의 수도이자 중심 도시로, 오키나와 제도의 관문 역할을 하는 중요한 항구 도시이다. 국제거리와 슈리성 등 오키나와의 독특한 문화와 역사를 느낄 수 있는 명소들이 많다. 따뜻한 아열대 기후와 아름다운 바다 풍경으로 관광객들에게 인기가 높으며, 해양 스포츠와 리조트 체험을 할 수 있다.

★★☆

슈리
(首里)
しゅり

오키나와현 나하시에 위치한 지역으로, 류큐 왕국의 중심지였던 역사적 장소이다. 이곳에 오키나와의 상징인 슈리성이 있으며 류큐 왕국 시대의 문화와 건축 양식을 엿볼 수 있다. 슈리성은 유네스코 세계문화유산으로 지정되어 많은 관광객이 찾는 명소이다.

★★☆

슈리성
(首里城)
しゅりじょう

오키나와현 나하시에 위치한 성으로, 과거 류큐 왕국의 정치와 문화 중심지였다. 독특한 류큐 건축 양식을 보여 주며, 붉은색을 띤 성벽과 화려한 장식으로 유명하다. 유네스코 세계문화유산으로 지정되었으며, 오키나와의 역사와 문화를 느낄 수 있는 대표적인 관광 명소이다.

★★☆

주라우미 수족관
(美ら海水族館)
ちゅ　うみすいぞくかん

오키나와에 위치한 대형 수족관으로, 세계 최대급의 수조를 보유해 다양한 해양 생물을 전시하고 있다. 특히 고래상어와 만타가오리를 가까이에서 볼 수 있는 거대한 수조가 유명하며, 오키나와 주변 해역의 생태계를 재현한 전시로 인기를 끌고 있다. 해양 생물에 대한 교육적 자료와 체험 프로그램도 마련되어 있어 가족 단위 방문객에게 인기가 많다.

★★☆

만자모
(万座毛)
まん　ざ　もう

오키나와 본섬에 위치한 절벽 지역으로, 웅장한 자연 경관을 자랑하는 관광 명소이다. 바다를 향해 돌출된 코끼리 모양의 절벽이 특징이며, 푸른 바다와 하늘이 어우러져 전망이 아름답다. '만 명이 앉을 수 있는 잔디밭'이라는 뜻에서 이름이 유래했으며, 일몰 명소로도 유명하다.

★★☆

국제거리
こくさいどお
(国際通り)

오키나와현 나하시에 위치한 상업 거리이다. 전통 기념품 가게, 레스토랑, 카페, 특산물 상점 등이 줄지어 있어 오키나와의 문화를 느끼고 쇼핑을 즐기기에 좋다. 오키나와 전통 음식과 공예품, 음악 등도 쉽게 접할 수 있다.

상징물과 화폐

★★★

일왕
てんのう
(天皇)

일본의 상징적 국가 원수이자 일본 왕실의 수장이다. 일본 헌법상 정치적 권한은 없고 상징적 역할만 수행하며 국민 통합을 상징하는 존재로 간주된다. 일본의 전통과 문화에서 중요한 위치를 차지하며, 즉위식, 외교 행사, 국가 의식 등에 참여한다. 현재의 일왕 제도는 일본 헌법에 따라 세습된다.

★★★

후지산
(富士山)
ふじさん

해발 3,776m에 달하는 일본에서 가장 높은 산이며, 상징적인 활화산이다. 아름다운 대칭형 산세로 유명하며, 신성한 산으로 여겨져 많은 예술 작품의 배경이 되었다. 여름철 등산지로 인기가 많고, 겨울에는 설경을 감상할 수 있다. 2013년에 유네스코 세계문화유산으로 지정되었으며 일본의 자연과 문화유산을 대표하는 명소로 자리 잡고 있다.

★★★

연호
(元号)
げんごう

일본에서 사용되는 연대 표기 방식으로, 일왕의 즉위와 함께 새롭게 정해진다. 현재는 2019년에 즉위한 나루히토 일왕의 연호인 '레이와(令和)'가 사용되고 있다. 연호는 공문서, 신문, 행사 등 다양한 공식 기록에 널리 사용되어 일본인의 생활과 밀접한 관계가 있다.

'원호'라고도 한다냥.

★★☆

히노마루
(日の丸)
ひ　まる

일본 국기를 뜻하며, 하얀 바탕에 붉은 원이 그려진 단순한 디자인이 특징이다. 붉은 원은 태양을 상징하며, 일본을 '떠오르는 해의 나라'로 여기는 의미를 담고 있다. 일본을 대표하는 상징으로, 공식 행사나 국제 무대에서 사용된다.

★★☆

기미가요
(君が代)
きみ　よ

일본의 국가(国歌)로, 일왕의 통치를 축복하고 일본의 영원한 평화를 기원하는 내용의 짧은 가사로 구성되어 있다. 원래 전통 노래였으나, 메이지 시대에 국가로 채택되면서 일본을 상징하는 노래로 자리 잡았다.

★★★

사쿠라
さくら
(桜)

'벚꽃'을 뜻하는 사쿠라는 봄을 대표하는 꽃으로 일본 문화와 정서에 깊이 자리 잡고 있다. 매년 3월에서 4월 사이에 전국에서 '하나미'라 불리는 꽃구경 행사가 열려 많은 사람들이 벚꽃 아래에서 봄을 즐긴다. 짧은 기간 동안 피었다가 지는 특성 때문에 덧없음과 아름다움의 상징으로 여겨진다. 일본 예술과 문학에 자주 등장하며, 전통적인 상징이자 사랑받는 자연 경관이기도 하다.

★★★

하나미
はなみ
(花見)

'꽃을 감상하다'라는 뜻으로, 특히 벚꽃을 감상하는 봄의 전통 행사를 의미한다. 일본에서는 벚꽃이 피는 시기에 공원이나 강변에 모여 가족, 친구, 동료들과 함께 벚꽃 아래에서 음식을 나누며 봄을 즐기는 풍습이 있다. 이때 피크닉을 하거나 사진을 찍으며 자연의 아름다움을 즐기는 것이 일반적이다.

★★☆

사무라이
さむらい
(侍)

일본의 전통 무사 계층으로, 주군을 위해 충성을 다하며 무술을 익힌 전사들을 의미한다. 주로 봉건 시대에 강한 명예와 충성심을 중시하는 무사도 정신을 바탕으로 활동했다. 일본의 역사와 문화에서 중요한 위치를 차지하며, 오늘날에도 일본 정신과 전통의 상징으로 여겨진다.

★☆☆

국화 문장
きっか もんしょう
(菊花紋章)

일본 왕실을 상징하는 국화 모양의 문양이다. 16개의 꽃잎을 가진 국화 디자인이 특징이며, 일본 왕실과 일왕의 권위를 나타내는 상징으로 오랫동안 사용되어 왔다. 일본 왕실과 관련된 건물, 물품, 문서 등에 이 문장이 새겨져 전통과 권위를 상징한다.

★★★

신사
(神社)
じんじゃ

일본 전통 신앙인 '신도(神道)'에서 신을 모시는 장소로, 자연의 신, 조상신, 전설 속 인물 등을 기리는 종교적 공간이다. 신사에는 '도리이'라 불리는 상징적인 문이 세워져 있으며, 이 문을 통해 신성한 영역에 들어선다고 여긴다. 신사에서는 다양한 축제와 의식이 열리며, 일본인들은 개인적인 소원이나 기도를 위해 신사를 방문하기도 한다.

★☆☆

센스
(扇子)
せんす

전통 접이식 부채로, 종이나 천을 나무 살대에 붙여 접었다 펼 수 있는 구조이다. 더위를 식히는 용도로 사용될 뿐만 아니라, 다도, 가부키 등의 공연에서도 중요한 소품으로 활용된다. 디자인과 소재에 따라 일상용, 선물용, 장식용 등 다양한 종류가 있으며, 특히 금박이나 화려한 무늬가 들어간 센스는 격식 있는 자리에서 사용된다. 일본의 전통적인 미학과 실용성을 겸비한 대표적인 생활용품이자 문화적 상징이다.

둥근 모양의 접을 수 없는 부채는 '우치와'라고 한다냥.

★☆☆

후린
(風鈴)
ふうりん

여름철 바람이 불 때 맑고 청아한 소리를 내는 일본 전통 종을 말한다. 유리, 금속, 도자기 등 다양한 재료로 만들어지며, 바람에 흔들려 울리는 소리가 더위를 식혀 주는 느낌이다. 주로 집의 처마 아래나 창가에 매달아 사용하며, 여름을 대표하는 정취 있는 장식품이다. 일본에서는 후린 소리가 액운을 쫓고 행운을 가져온다고 믿으며, 축제나 여름철 기념품으로도 인기가 많다.

우리는 이것을 흔히 '풍경'이라고 부른다냥.

★★☆

가타나
(刀)
かたな

전통적인 검으로, 사무라이가 사용하던 무기이자 무사의 정신을 상징한다. 날이 한쪽만 서 있는 곡선형 구조로, 예리한 절삭력과 강한 내구성을 갖춘 것이 특징이다. 전통적인 제작 과정에서는 숙련된 장인이 여러 번 접고 단련하여 강하면서도 유연한 칼날을 만든다.

★★★

엔
えん
(円)

일본의 공식 통화로, 기호는 ¥, 코드명은 JPY이다. 1871년에 도입되어 현재까지 사용되고 있으며, 일본 내에서 상품과 서비스의 결제 수단으로 널리 사용된다. 엔화는 동전과 지폐로 발행되며, 1엔부터 만 엔까지 다양한 액면가가 있다. 국제적으로도 많이 거래되는 통화로, 세계 주요 외환 시장에서 중요한 역할을 차지하고 있다.

★★☆

기타자토 시바사부로
きたざとしばさぶろう
(北里柴三郎)

일본의 세균학자이자 의사로, 전염병 연구와 백신 개발에 큰 업적을 남겼다. 1890년 파상풍 혈청 치료법을 개발하며 세계적으로 인정받았고, 페스트균 연구와 예방에도 중요한 기여를 했다. 일본 최초의 전염병 연구소를 설립하여 일본 의학의 발전에 큰 영향을 미쳤다. 현대 세균학의 선구자로 평가되며, 일본 과학계에서 존경받는 인물이다. 현재 1,000엔 지폐에 실려 있다.

★★☆

슈레이몬
(守礼門)
しゅれいもん

오키나와현 나하시에 위치한 슈리성의 정문이다. '예를 지키는 문'이라는 뜻을 가지고 있으며, 류큐 왕국 시절 예절과 환영의 의미를 담아 건설되었다. 특유의 붉은 기와와 전통적인 류큐 양식의 아름다움이 돋보이며, 많은 관광객이 찾는 인기 명소이다. 오키나와 문화와 역사의 상징으로 여겨지며 유네스코 세계문화유산으로 등재되어 있다.

★★☆

쓰다 우메코
(津田梅子)
つだうめこ

일본 최초로 공식 유학을 떠난 여성 교육자이며 일본 여성 교육의 선구자로 알려져 있다. 1871년 어린 나이에 미국으로 건너가 교육을 받고 귀국한 후, 일본 여성의 사회적 지위와 교육 수준을 향상시키기 위해 헌신했다. 1900년에는 일본 최초의 여성 고등교육 기관인 쓰다주쿠대학을 설립하여 많은 여성 지도자를 배출했다. 일본 여성 교육과 평등권의 상징적인 인물로 평가받는다. 현재 5,000엔 지폐에 실려 있는 인물이다.

★★☆

시부사와 에이이치
しぶさわえいいち
(渋沢栄一)

일본 근대 경제의 아버지로 불리는 인물로, 수많은 기업과 금융기관 설립에 기여한 대표적인 사업가이자 사회 운동가이다. 19세기 후반부터 20세기 초반까지 일본 최초의 은행인 다이이치 국립은행을 비롯해 도쿄 증권거래소, 도쿄가스 등 500여 개의 기업과 기관 설립에 관여했다. 그의 경영 철학은 이익 추구와 공익을 조화롭게 실현하자는 '도덕경제합일론'으로 알려져 있다. 현재 10,000엔 지폐에 실려 있는 인물이다.

★☆☆

가루톤
(カルトン)

작은 접시나 트레이를 일컫는 말로, 동전이나 지폐를 손쉽게 주고받기 위해 사용한다. 상점이나 편의점, 은행 등에서 고객과 점원이 돈을 직접 주고받지 않고 위생적이고 깔끔하게 전달할 수 있도록 해 준다. 가루톤 위에 돈을 올려놓고 전달하는 방식은 일본의 서비스 문화와 예의의 일환으로 자리 잡았다.

★★☆

전자 화폐
(電子マネー)

일본에서 카드나 스마트폰을 통해 간편하게 결제할 수 있는 전자 화폐 시스템을 가리키는 말이다. 교통카드인 스이카(Suica), 파스모(PASMO) 등 다양한 종류가 있으며, 교통뿐 아니라 편의점, 마트, 자판기 등에서도 널리 사용된다. 충전 후 사용할 수 있는 선불형이 많아 관리가 쉬우며, 비접촉식 결제로 빠르고 위생적이라는 장점이 있다. 현금 사용률이 높은 편인 일본에서도 전자 화폐가 빠르게 확산되며 일상생활에서 점점 더 중요한 결제 수단이 되고 있다.

★★☆

스이카
(Suica)

JR 동일본 철도가 운영하는 충전식 선불 교통카드로, 수도권을 중심으로 편리하게 사용할 수 있는 전자 화폐이다. 초기에는 기차나 지하철 등 대중교통 결제용으로 사용하기 시작했지만, 현재는 편의점, 자판기, 식당 등 다양한 상점에서도 스이카를 사용해 간편하게 결제할 수 있다. 카드뿐만 아니라 스마트폰에 등록해 사용하는 모바일 스이카도 있다.

★★☆

파스모
(PASMO)

일본 수도권 지역의 대중교통과 상점에서 사용할 수 있는 전자 교통카드이다. 지하철, 버스, 기차 등 다양한 교통수단의 요금을 간편하게 결제할 수 있으며, 편의점, 자판기 등에서도 사용할 수 있는 전자 화폐 기능이 있다. 스이카와 호환되어 스이카 사용 지역에서도 문제없이 이용할 수 있어 편리하다. 충전식 선불 카드로, 수도권에서 생활하는 현지인뿐만 아니라 여행객에게도 필수적인 교통카드이다.

★★☆

라쿠텐에디
らくてん
(楽天 Edy)

선불형 전자 화폐로, 라쿠텐(Rakuten)이 운영하는 간편 결제 서비스이다. 카드나 스마트폰 앱을 통해 편의점, 마트, 식당 등 다양한 가맹점에서 손쉽게 결제할 수 있다. 비접촉식 결제로 빠르고 편리하며, 라쿠텐 포인트와 연동해 사용할 경우 추가 혜택도 받을 수 있다. 충전 후 사용하는 방식으로, 일본 내에서 일상적인 쇼핑과 소액 결제에 널리 이용된다.

★★☆

페이페이
(PayPay)

일본에서 널리 사용되는 QR 코드 기반의 모바일 결제 서비스로, 소프트뱅크와 야후 재팬이 합작하여 운영한다. 스마트폰 앱을 통해 QR 코드를 스캔하여 결제할 수 있으며, 편의점, 음식점, 쇼핑몰 등 다양한 가맹점에서 사용할 수 있다. 캐시백과 할인 프로모션을 자주 제공해 사용자에게 인기가 많으며, 소액 결제부터 대형 쇼핑까지 간편하게 이용 가능하다. 간편함과 혜택으로 일본 전역에서 빠르게 확산되고 있는 디지털 결제 수단이다.

日本文化

2장
일본인의 말과 행동

일본어의 구성

★★★
가나
(仮名)

일본어 문자를 의미한다. 한 글자가 한 음절을 나타내는 음절 문자로 히라가나(ひらがな)와 가타카나(カタカナ) 두 가지로 나뉜다. 히라가나는 주로 일본어 고유의 단어와 문법 요소에 쓰이며, 가타카나는 주로 외래어, 의성어, 의태어 등을 표기할 때 사용된다.

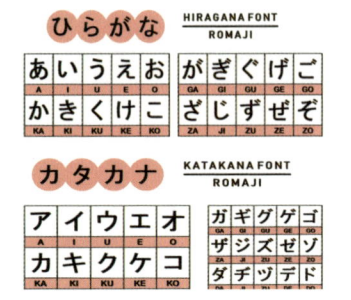

★★★
니혼고
(日本語)
にほんご

일본에서 사용되는 언어를 가리킨다. '니혼'은 '일본'을, '고'는 '언어'를 뜻하므로 합쳐서 '일본의 언어', '일본어'라는 의미가 된다.

★★★
히라가나
(ひらがな)

일본어를 표기하는 문자 체계 중 하나로, 주로 어미 변화, 조사, 접속사 등을 표기하는 데 사용된다. 부드럽고 곡선적인 모양이 특징이며, 일본어의 발음을 그대로 나타내기 때문에 일본어 학습의 기초로 쓰인다.

★★★
가타카나
(カタカナ)

일본어를 표기하는 문자 체계 중 하나로, 주로 외래어, 외국 인명, 식물과 동물 이름, 의성어 및 의태어를 표기하는 데 사용되며, 표현을 강조하고자 할 때 자주 사용된다. 직선적이고 각진 모양이 특징이다.

★★★
오십음도
(ご じゅうおん ず)
(五十音図)

가나 문자를 자음과 모음의 조합에 따라 체계적으로 배열한 표이다. 세로줄(행)은 동일 자음을, 가로줄(단)은 동일 모음을 나타낸다. 오십음도는 일본어 소리 구조를 시각적으로 이해하고 가나를 학습하는 데 중요한 역할을 한다. 원칙적으로 50음이지만 현대 일본에서는 실제 사용되지 않는 음을 제외하여 46개의 음으로 이루어져 있다.

あ	か	さ	た	な	は	ま	や	ら	わ
い	き	し	ち	に	ひ	み		り	
う	く	す	つ	ぬ	ふ	む	ゆ	る	
え	け	せ	て	ね	へ	め		れ	
お	こ	そ	と	の	ほ	も	よ	ろ	を

〈히라가나〉

ア	カ	サ	タ	ナ	ハ	マ	ヤ	ラ	ワ
イ	キ	シ	チ	ニ	ヒ	ミ		リ	
ウ	ク	ス	ツ	ヌ	フ	ム	ユ	ル	
エ	ケ	セ	テ	ネ	ヘ	メ		レ	
オ	コ	ソ	ト	ノ	ホ	モ	ヨ	ロ	ヲ

〈가타카나〉

★★☆

청음
(清音)
<small>せいおん</small>

탁점(゛)이나 반탁점(゜)이 붙지 않은 깨끗한 발음의 음이다. 일본어의 기본적인 음으로, か·さ·た·は행 등의 음이 이에 해당한다. 예를 들어, 'か'(ka), 'さ'(sa), 'た'(ta) 등이 청음이다.

ひらがな					カタカナ				
あ A	い I	う U	え E	お O	ア A	イ I	ウ U	エ E	オ O
か KA	き KI	く KU	け KE	こ KO	カ KA	キ KI	ク KU	ケ KE	コ KO
さ SA	し SHI	す SU	せ SE	そ SO	サ SA	シ SHI	ス SU	セ SE	ソ SO
た TA	ち CHI	つ TSU	て TE	と TO	タ TA	チ CHI	ツ TSU	テ TE	ト TO
な NA	に NI	ぬ NU	ね NE	の NO	ナ NA	ニ NI	ヌ NU	ネ NE	ノ NO

★★☆

탁음
(濁音)
<small>だくおん</small>

탁점(゛)이 붙어 소리가 탁하게 변하는 음이다. か·さ·た·は행의 청음이 각각 'が'(ga), 'ざ'(za), 'だ'(da), 'ば'(ba) 등으로 변한다. 예를 들어, 'か(ka) → が(ga), た(ta) → だ(da)'와 같이 변화한다.

탁음은 か·さ·た·は행에만 있다냥.

ひらがな					カタカナ				
が GA	ぎ GI	ぐ GU	げ GE	ご GO	ガ GA	ギ GI	グ GU	ゲ GE	ゴ GO
ざ ZA	じ JI	ず ZU	ぜ ZE	ぞ ZO	ザ ZA	ジ JI	ズ ZU	ゼ ZE	ゾ ZO
だ DA	ぢ JI	づ ZU	で DE	ど DO	ダ DA	ヂ JI	ヅ ZU	デ DE	ド DO
ば BA	び BI	ぶ BU	べ BE	ぼ BO	バ BA	ビ BI	ブ BU	ベ BE	ボ BO

★★☆

반탁음
はんだくおん
(半濁音)

반탁점(°)이 붙어 발음이 변하는 음이다. は행의 청음이 'ぱ(pa), ぴ(pi), ぷ(pu), ぺ(pe), ぽ(po)'로 변화한다. 예를 들어, 'は(ha) → ぱ(pa), ひ(hi) → ぴ(pi)'와 같이 변한다. 청음(清音), 탁음(濁音)과 함께 일본어의 음운 체계를 이루는 중요한 요소이다.

반탁음은 は행에만 있다냥.

★★☆

요음
ようおん
(拗音)

작은 'ゃ', 'ゅ', 'ょ'를 사용해 두 음절이 결합된 소리로, 예를 들어 'きゃ(캬)', 'しゅ(슈)', 'ちょ(쵸)'와 같이 발음된다. 보통 이 요음은 앞 음절이 い단 소리일 때 뒤에 붙으며, 하나의 음절처럼 읽는 것이 특징이다. 일본어 학습자에게는 발음과 표기에 주의가 필요한 중요한 음운 현상이다.

★★☆

촉음
そくおん
(促音)

작은 'っ'로 표기되며, 뒤에 오는 자음의 발음을 강하게 끊어 내는 발음 현상이다. 예를 들어, 'かっこ'(멋짐), 'さっき'(조금 전)처럼 사용된다. 주로 か·さ·た·ぱ행의 자음 앞에서 나타나며, 발음 시 잠시 멈추는 것이 특징이다. 일본어의 리듬과 의미를 구별하는 중요한 요소로, 학습 시 정확한 발음이 요구된다.

★★☆

발음
はつおん
(撥音)

'ん'으로 표기되며, 모음 없이 울리는 소리이다. 뒤에 오는 자음이나 발음 위치에 따라 [n], [m], [ŋ] 등으로 소리가 변한다. 예를 들어, '日本'은 [nihon], '簡単'은 [kantan]으로 발음된다. 일본어 발음의 자연스러움을 위해 중요한 요소이며, 정확한 발음 연습이 필요하다.

★★☆

장음
ちょうおん
(長音)

모음을 길게 발음하는 음운 현상으로, 단어의 의미를 구별하는 중요한 요소이다. 예를 들어, 'おばさん'(아주머니)과 'おばあさん'(할머니)처럼 장음 여부에 따라 뜻이 달라진다. 표기 방법은 가나에 따라 다르며, 히라가나는 같은 모음을 반복하며, 가타카나는 주로 'ー'(장음 부호)를 사용한다. 일본어 학습에서 발음과 철자 모두 주의해야 하는 중요한 요소이다.

★★☆

외래어
がいらいご
(外来語)

외국에서 유래하여 일본어에 정착된 단어로, 주로 가타카나로 표기된다. 영어에서 차용된 단어가 많으며, 예를 들어 'テレビ'(TV), 'コーヒー'(커피), 'タクシー'(택시) 등이 있다. 원래의 발음과 다소 차이가 나는 경우가 많아 일본식 영어와 혼동되기도 한다. 현대 일본어에서 일상적으로 사용되며, 특히 IT, 패션, 음식 등의 분야에서 많이 활용된다.

★★★

한자
(漢字)
かんじ

중국에서 전래된 한자로, 일본어 문자 체계에서 중요한 역할을 한다. 뜻을 나타내는 표의 문자로, 단독으로 사용되거나 히라가나, 가타카나와 조합되어 문장을 구성한다. 한자에는 여러 개의 음독과 훈독이 있으며, 사용되는 한자의 수는 매우 방대하다. 일본 정부에서 정한 상용한자 목록이 있으며, 일상생활에서 약 2,000자 정도가 일반적으로 사용된다.

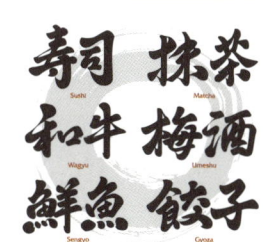

★★☆

로마자
(ローマ字)
じ

일본어를 알파벳으로 표기하는 방법이다. 주로 헵번식, 훈령식, 일본식의 세 가지 방식이 있다. 여권의 이름 표기, 도로 표지판, 외국인을 위한 일본어 학습 등에서 사용된다. 발음과 표기 방식이 다를 수 있으므로 사용 목적에 따라 적절한 표기법을 선택하는 것이 중요하다.

★★☆

후리가나
(ふりがな)

한자의 발음을 히라가나로 표기하고 주로 어린이, 일본어 학습자, 어려운 한자를 읽기 어려운 사람들을 위해 사용된다. 책, 신문, 안내판 등에서 활용되며, 특히 공식 문서에서는 제한적으로 사용된다. 일본어 학습과 독해를 돕는 중요한 역할을 한다. 또한, 만화나 소설에서 독자의 이해를 돕기 위해 자주 활용된다.

振り仮名
(ふりがな)

★★☆

음독
(音読み)
おん よ

한자의 원래 중국식 발음을 바탕으로 한 읽는 방식이다. 한자어에서 주로 사용되며, 같은 한자라도 여러 음독이 존재할 수 있다. 일반적으로 훈독보다 공식 문서나 학술 용어에서 많이 사용된다.

★★☆

훈독
(くんよみ)

한자의 원래 뜻을 일본어로 해석하여 읽는 방식이다. 일본 고유어와 결합하여 사용되며, 단독 한자어나 동사, 형용사 등에 많이 적용된다. 같은 한자라도 여러 훈독이 존재할 수 있으며, 문맥에 따라 다른 읽기 방식이 사용된다. 음독과 함께 일본어 한자 발음의 중요한 요소로 작용한다.

★★☆

존경어
(そんけいご)

상대방의 행동이나 상태를 높여 표현하는 일본어의 존댓말 형태이다. 주로 윗사람이나 고객에게 사용되며, 동사의 변화형(예: 行く → いらっしゃる, 見る → ご覧になる)이나 경어 표현(お~になる, ご~なさる)이 특징이다. 상대방을 존중하는 의도를 담고 있어 비즈니스 및 공식적인 상황에서 필수적으로 사용된다. 일본 사회에서 예의를 중시하는 문화의 한 부분으로, 정확한 사용이 중요한 언어적 요소이다.

> '존경어'는 직접적으로 상대를 높여서 경의를 표하는 말이다냥.

★★☆

겸양어
(謙讓語) けんじょうご

자신이나 자기 측의 행동을 낮추어 표현함으로써 상대방을 높이는 일본어의 겸양어이다. 주로 비즈니스나 공식적인 자리에서 사용되며, 동사의 변화형(예: 言う → 申す, 行く → 参る)이나 겸양 표현(お~する, ご~する)이 특징이다. 상대방을 직접 높이는 존경어와는 달리, 자신의 행동을 낮추어 상대를 높이는 역할을 한다. 일본의 겸손을 중시하는 문화에서 중요한 언어적 요소로, 경어 체계에서 필수적으로 사용된다.

'겸양어'는 나를 낮춰서 간접적으로 상대에게 경의를 표하는 말이다냥.

★★☆

정중어
(丁寧語) ていねいご

상대방에게 정중함을 나타내는 일반적인 존댓말 표현이다. 주로 です·ます체를 사용하여 문장을 구성하며, 존경어나 겸양어보다 폭넓게 사용된다. 일상 회화부터 공식적인 자리까지 다양한 상황에서 활용되며, 기본적인 예절 표현으로 여겨진다.

'정중어'는 말을 정중하게 표현해서 상대에게 경의를 표하는 말이다냥.

★★☆

의성어
(擬音語) ぎおんご

자연에서 나는 소리나 사물의 소리를 흉내 내는 일본어 표현이다. 예를 들어, 개 짖는 소리 'ワンワン', 심장이 뛰는 소리 'ドキドキ' 등이 있다. 주로 만화, 소설, 광고 등에서 효과적으로 사용되며, 감각적 표현을 풍부하게 만든다. 일본어의 의성어 체계의 한 부분으로, 듣는 사람에게 생동감을 전달하는 역할을 한다.

★★☆

의태어
(擬態語) ぎたいご

사물의 상태나 움직임, 감정을 흉내 내어 표현하는 일본어 표현이다. 예를 들어, 'ふわふわ'(푹신푹신), 'キラキラ'(반짝반짝)처럼 눈에 보이는 상태나 느낌을 표현한다. 의성어와 달리 실제 소리가 나지 않는 대상을 묘사하는 것이 특징이다. 주로 일상 회화, 문학, 만화 등에서 생동감 있는 표현을 위해 사용된다.

★★☆
금기어
(いみことば)

불길하거나 부정적인 의미를 가진 말을 피하기 위해 사용하는 금기어를 말한다. 주로 결혼식, 장례식 등 중요한 자리에서 상대방에게 불쾌감을 줄 수 있는 표현이나 상황을 떠올리게 하는 단어를 피하려고 하는 것이다. 예를 들어, 결혼식에서는 이혼이나 깨짐을 연상시키는 단어를 피하고, 장례식에서는 죽음을 반복적으로 암시하는 표현을 삼가는 것을 예의로 여긴다. 일본의 예절과 배려 문화에서 중요한 역할을 한다.

★★☆
헤노헤노모헤지
(へのへのもへじ)

일본에서 간단한 얼굴 그림을 그릴 때 사용하는 표현이다. 히라가나 글자 'へ', 'の', 'も', 'へ', 'じ'를 조합하여 눈, 코, 입을 나타낸다. 어린이들 사이에서 장난스럽게 얼굴을 그릴 때 자주 사용하며, 일본 문화에서 친숙한 그림 표현 중 하나이다.

일본인의 언어문화

★★★

혼네
ほん ね
(本音)

'진심'이나 '본심'을 의미하며, 개인이 속으로 느끼는 솔직한 생각이나 감정을 뜻한다. 일본에서는 사회적 조화와 타인을 배려하는 분위기 때문에, 혼네를 드러내기보다 '다테마에(建前)'라 불리는 사회적 체면이나 겉모습을 우선시하는 경우가 많다. 이 때문에 혼네와 다테마에를 구별하며, 가까운 관계나 사적인 상황에서만 혼네를 공유할 때가 많다. 혼네와 다테마에는 일본의 대인관계와 사회적 행동 방식을 이해하는 데 중요한 개념이다.

★★★

다테마에
たてまえ
(建前)

'겉모습'이나 '표면적인 태도'를 의미하며, 사회적 기대나 역할에 맞춰 표출하는 행동이나 말을 뜻한다. 일본에서는 조화와 배려를 중시하기 때문에, 사람들은 때로 자신의 혼네(진심)를 드러내기보다 다테마에에 맞춰 행동하여 관계를 원만하게 유지하려 한다. 다테마에는 공식적이거나 공적인 상황에서 많이 사용되며 혼네와는 대조적인 개념으로 자주 언급된다. 이 개념은 일본의 대인관계와 사회적 규범을 이해하는 데 중요한 요소로 작용한다.

★★☆

부부즈케
づ
(ぶぶ漬け)

교토 지방에서 유래한 음식으로, 밥에 따뜻한 녹차를 부어 먹는 것이다. 그런데 교토에서는 "부부즈케 드실래요?"라고 묻는 것이 손님에게 은근히 돌아가 달라는 의미로 쓰이기도 하여 교토 특유의 간접적으로 돌려 말하는 화법을 나타내는 표현으로 사용되고 있다.

★★★

와
(和)
わ

일본 문화에서 조화와 협력, 그리고 평화를 의미하는 개념이다. 서로 다른 사람이나 의견이 조화를 이루어 집단이 화합하는 것을 중요시하는 일본 사회의 가치를 반영한다. 사람 간의 갈등을 피하고 원만한 관계를 유지하려는 태도와도 밀접하게 관련되어 있다.

和菓子, 和服처럼 단어 앞에 和가 붙으면 '일본식'을 뜻한다냥.

★★☆

인사
(挨拶)
あいさつ

일본어에서 중요한 인사말 표현으로, 인간관계를 원활하게 만드는 역할을 한다. 예를 들어, 'おはようございます'(좋은 아침입니다), 'お世話になっております'(신세 지고 있습니다) 등의 표현이 있다. 인사는 사회적 관계에서 필수적인 요소이며, 정중한 태도가 요구된다.

★★★
맞장구
(あいづち)

대화 중 상대방의 말을 듣고 있다는 표시로, 간단한 맞장구나 반응을 의미한다. 예를 들면 '네(はい)', '그래요?(そうですか)', '정말요?(ほんとうですか)'와 같은 반응이 이에 해당한다. 대화에서 상대방에게 집중하고 있음을 나타내며, 원활한 소통을 위한 중요한 요소로 여겨진다.

일본인의 비언어 문화

★★☆

오지기
(お辞儀)
じ ぎ

상대방에 대한 존경이나 감사, 사과의 뜻을 나타내기 위해 몸을 숙여 인사하는 예절이다. 각도와 방식에 따라 의미가 달라지며, 가벼운 인사부터 깊은 사과나 존경을 표현하는 인사까지 다양한 형태가 있다. 일본 사회에서 중요한 예절로, 일상생활은 물론 비즈니스와 공식 행사에서도 필수적인 행동이다. 상대방을 배려하고 존중하는 마음을 표현한다.

★★☆

에샤쿠
えしゃく
(会釈)

오지기(인사) 중 하나로, 약 15도의 각도로 가볍게 고개를 숙이는 인사법이다. 친근한 인사나 가벼운 감사, 일상적인 상황에서의 인사로 사용하며, 지나치게 격식을 차리지 않으면서도 예의를 표할 수 있는 방법이다. 주로 같은 지위나 친근한 관계에서 사용하며, 상사나 고객과의 공식적인 자리에서는 에샤쿠보다 더 몸을 숙이는 게이레이나 사이케이레이가 적합하다.

★☆☆

게이레이
けいれい
(敬礼)

오지기(인사) 중 하나로, 약 30도의 각도로 몸을 숙이는 인사법이며 상대방에 대한 존경과 공경의 뜻을 담고 있다. 주로 비즈니스 상황이나 격식을 차려야 하는 자리에서 많이 사용하며, 상사나 고객에게 예의를 표할 때 적합한 방식이다. 상대방을 존중하면서도 지나치게 무겁지 않은 인사로, 일상적인 업무 상황에서 자주 볼 수 있다. 중요한 사회적 예절로 여겨진다.

★☆☆

사이케이레이
(最敬礼)
さいけいれい

오지기(인사) 중 가장 몸을 많이 숙이는 인사로, 약 45도에서 90도까지 몸을 숙여 상대방에게 최대의 존경과 사과를 표현한다. 주로 심각한 사과를 하거나 높은 존경을 표시해야 하는 상황에서 사용하며, 비즈니스에서는 중요한 고객이나 상사에게 깊은 존중을 나타낼 때 사용한다. 사이케이레이는 매우 격식 있는 인사로, 일반적인 상황보다는 특별한 경우에만 쓰이는 예절이다.

바닥에 바짝 엎드려서 절하며 사죄하는 행동을 '도게자(土下座)'라고 한다냥. 아주 심각한 문제를 일으켰거나 곤란한 부탁을 할 때 하는 오지기(인사)다냥.

3장

일본인의 일생과 일 년

통과 의례

★☆☆

잇쇼모치
いっしょうもち
(一升餅)

아기가 첫돌을 맞이할 때 등에 지게 하는 떡을 말한다. 한 되(약 1.8kg)의 쌀로 만드는데 한 되를 뜻하는 '一升'의 발음이 '一生'(평생)와 같아 아기의 건강하고 행복한 삶을 기원하는 의미를 담고 있다. 아기가 떡의 무게를 견디며 건강하게 자라길 바라는 상징적 행사이며, 가족들은 이 떡을 함께 나눠 먹으며 축하한다.

★★☆

오미야마이리
(お宮参り)
みやまい

아기가 태어난 후 첫 신사 방문을 의미하는 행사로, 남아는 생후 31일, 여아는 생후 32일경에 부모와 조부모가 신사에 방문하여 건강과 장수를 기원한다. 신사의 신에게 아이의 탄생을 보고하고 축복을 받는 의식으로, 가족의 중요한 행사 중 하나이다.

★★☆

입학식
(入学式)
にゅうがくしき

학교에 처음 입학하는 학생들을 환영하는 행사로, 일본에서는 초등학교, 중학교, 고등학교, 대학교 모두 입학식을 거행한다. 학생들은 정장을 입거나 교복을 착용하며, 교장 선생님과 선생님들의 축하 연설이 이루어진다. 일본의 교육 문화에서 중요한 행사 중 하나이다.

일본의 입학식은 우리나라와 달리 4월에 열린다냥.

★★☆

졸업식
(卒業式)
そつぎょうしき

학교를 졸업하는 학생들을 위한 행사로, 일본에서는 초등학교, 중학교, 고등학교, 대학교 모두 졸업식을 중요하게 여긴다. 학생들은 교복을 입고 정식으로 졸업장을 받으며, 졸업식 후에는 선생님과 친구들에게 감사 인사를 전하는 것이 일반적이다.

연중행사와 공휴일

★★★

골든위크
(ゴールデン
ウィーク)

4월 말부터 5월 초까지 이어지는 연휴 기간을 의미한다. 이 기간에 쇼와의 날(4월 29일), 헌법기념일(5월 3일), 녹색의 날(5월 4일), 어린이날(5월 5일)과 같은 공휴일이 포함되어 있다. 일본에서 가장 긴 연휴 중 하나로, 휴식과 여가를 즐길 수 있는 특별한 주간이다.

★★★

오쇼가쓰
(お正月)

새해를 맞이하는 기간을 의미하며, 특히 1월 1일부터 3일까지를 가리킨다. 일본의 가장 큰 명절로, 가족들이 모여 새해를 축하하고, 신사에 방문하여 한 해의 건강과 행복을 기원한다. 이 기간 동안 사람들은 오세치 요리, 오조니 등 전통 음식을 먹고, 하쓰모데(첫 참배)와 같은 새해맞이 의식을 치르며 새해의 시작을 경축한다.

★★☆

오조니
(お雑煮)

일본의 전통적인 새해 음식으로, 떡과 다양한 채소, 고기, 생선 등을 넣고 끓인 국물 요리이다. 지역에 따라 재료와 맛이 다르며, 간장이나 된장으로 간을 맞추는 방식도 다양하다. 새해에 건강과 풍요를 기원하며 먹는 음식으로, 일본의 명절 음식 문화에서 중요한 부분을 차지한다.

★★☆

오세치 요리
(お節料理)
せちりょうり

새해를 맞이할 때 먹는 전통 음식이다. 각각의 음식에는 가족의 건강, 장수, 풍요, 자손 번영 등 새해의 복을 기원하는 의미가 담겨 있으며, 여러 가지 반찬을 층층이 나누어 담는 칠색찬합에 담아낸다. 대표적인 음식으로는 달콤하게 졸인 콩, 말린 정어리 볶음, 달걀말이, 새우, 다시마말이 등이 있으며, 지역이나 가정에 따라 구성은 조금씩 달라진다. 오세치 요리는 원래 새해 첫 며칠 동안은 요리를 하지 않고 쉴 수 있도록 미리 준비해 두는 음식이었으며, 현대에는 백화점이나 편의점 등에서도 손쉽게 구매할 수 있어 전통과 현대가 어우러진 새해 음식으로 자리 잡고 있다.

★★☆

오토시다마
(お年玉)
としだま

쇼가쓰(설날) 동안 어른들이 아이들에게 주는 돈으로, 새해의 축복과 행운을 기원하는 의미를 가진다. 보통 화려한 디자인의 봉투에 돈을 넣어 전달한다. 금액은 아이의 연령이나 가정에 따라 다르며, 친척이나 부모, 조부모가 주는 경우가 많다. 오토시다마는 일본의 새해 전통 문화 중 하나로, 아이들에게 특별한 즐거움을 주는 풍습이다.

★★☆

가가미모치
(鏡餅)
かがみもち

쇼가쓰(설날) 장식용 떡으로, 크기가 다른 둥근 떡 두 개를 포개어 쌓고 위에 귤을 올린다. 가정이나 신사에 장식하여 한 해의 복을 기원하며, 보통 1월 11일경 가가미비라키 의식에서 떡을 나누어 먹는다. '가가미(鏡)'는 옛 거울을 의미하며, 신성한 물건으로 여겨졌다. 새해의 상징적인 음식으로, 가족의 건강과 번영을 기원하는 의미를 담고 있다.

★★☆

가도마쓰
(門松)
かどまつ

새해를 맞이할 때 집이나 상점 앞에 세우는 일본 전통 장식으로, 소나무, 대나무, 꽃 등을 사용한다. 소나무는 장수를, 대나무는 강한 생명력을 상징하며, 한 해 동안 행운과 번영을 기원하는 의미를 가진다. 보통 12월 말부터 1월 7일까지 장식하며, 신년 신이 머무는 곳으로 여겨진다. 일본의 쇼가쓰 문화에서 중요한 요소 중 하나로, 새해의 복을 부르는 상징적인 장식물이다.

★★★

세쓰분
(節分)
_{せつぶん}

계절이 바뀌는 시점을 의미하며, 특히 입춘 전날인 2월 3일 경에 열리는 행사를 가리킨다. 이날 집안의 액운을 쫓고 복을 부르기 위해 콩을 뿌리는 '마메마키'라는 전통 의식을 행한다. 사람들은 '鬼は 外、福は 内'(귀신은 밖으로, 복은 안으로)라고 외치며 콩을 뿌려, 한 해의 액운을 막고 행복을 기원한다.

★★★

히나마쓰리
(ひな祭り)
_{まつ}

3월 3일 '여자아이의 날'을 의미한다. 이날은 여자아이의 건강과 행복을 기원하며, 전통 인형인 '히나닌교'를 장식한다. 가족들이 함께 축하하며, 여자아이들이 밝고 건강하게 자라기를 바라는 마음을 나타낸다.

★★★
히나닌교
(ひな人形)

전통 인형으로, 히나마쓰리인 3월 3일에 장식한다. 귀족풍의 남녀 한 쌍을 중심으로 여러 신하와 도구들을 계단식 단에 전시한다. 아이의 건강과 행복을 기원하는 의미를 담고 있으며, 정성스럽게 보관하고 대를 이어 사용하는 경우도 많다. 지역과 가정에 따라 규모와 구성에 차이가 있으며, 일본 전통 문화의 상징 중 하나이다.

★★★
고이노보리
(こいのぼり)

5월 5일 '단고노셋쿠(단오절)'에 집 밖에 걸어 놓는 잉어 모양의 깃발이다. 잉어가 폭포를 거슬러 올라가 용이 된다는 전설에 따라, 남자아이의 건강과 힘찬 성장을 기원하는 의미가 있다. 보통 큰 잉어부터 작은 잉어까지 여러 크기로 구성되며 가족 구성원들을 나타낸다.

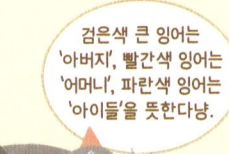

검은색 큰 잉어는 '아버지', 빨간색 잉어는 '어머니', 파란색 잉어는 '아이들'을 뜻한다냥.

★★★

다나바타
たなばた
(七夕)

전통 축제로, 7월 7일 연인을 상징하는 '오리히메(직녀성)'와 '히코보시(견우성)'가 만나는 날을 기념한다. 색색의 종이에 소원을 적어 대나무 가지에 걸어두고 소원이 이루어지기를 빈다. 일본 전역에서 다양한 다나바타 축제가 열리는데, 특히 센다이 다나바타 마쓰리가 유명하다.

★★☆

단자쿠
たんざく
(短冊)

길고 가느다란 종이 조각으로, 주로 소원을 적어 매다는 용도로 사용한다. 특히 7월 7일 다나바타 축제 때 여기에 소원을 적어 대나무에 매달며, 소원이 이루어지기를 기원한다.

★★★
오본
(お盆)
ぼん

일본의 전통 명절로, 조상의 혼을 맞이하고 기리기 위해 매년 8월 중순에 행해지는 중요한 행사이다. 이 기간 동안 가족들은 집을 청소하고 제단을 마련하며 성묘를 하거나 제사를 지내기도 한다. 불꽃놀이와 본오도리(전통 춤) 등 다양한 축제가 열리며, 이를 통해 조상의 혼을 즐겁게 보내 드리고자 한다. 가족들이 함께 조상에 대한 감사를 표하고 유대를 다지는 특별한 명절이다.

★★★
시치고산
(七五三)
しちごさん

아이들의 성장을 기념하는 전통 행사로, 남자아이는 3·5세, 여자아이는 3·7세가 되는 해에 아이들의 건강과 행복을 기원한다. 매년 11월 15일에 진행하며, 아이들은 전통 복장인 기모노나 하카마를 입고 신사나 절을 방문해 축복을 받는다. 부모들은 아이들에게 길조를 기원하는 '지토세아메(장수 사탕)'를 주고 이날을 축하한다. 가정에서 아이들의 성장에 감사하고, 밝은 미래를 소망하는 중요한 전통 행사이다.

★★★

오미소카
おおみそか
(大晦日)

12월 31일, 한 해의 마지막 날을 의미하며, 가족과 함께 보내는 중요한 전통 명절이다. 한 해를 마무리하고 새해를 맞이하는 의미로 집안을 깨끗이 청소하고 '도시코시소바(메밀국수)'를 먹는다. 저녁에는 사찰에서 종을 108번 울리는 행사가 열리며, 사람들은 이를 통해 한 해 동안의 번뇌를 떨쳐내고자 한다. 가족이 모여 새해를 맞이하며 감사와 소망을 나누는 시간으로 여겨진다.

★★☆

도시코시소바
としこし
(年越しそば)

한 해의 마지막 날인 12월 31일에 먹는 메밀국수이다. 이 국수는 길고 가늘어 장수를 상징하며, 새해를 맞이하기 전에 한 해의 불운을 끊고 새해의 건강과 행복을 기원한다는 의미를 담고 있다. 도시코시소바를 먹는 것은 일본의 새해 전통 중 하나로, 가족들이 함께 모여 다가오는 새해의 행운을 기원한다.

★★★

성인의 날
(成人の日)
せいじん ひ

1월 둘째 주 월요일로 지정된 국가 공휴일이다. 만 18세가 되는 청년을 축하하고 성인으로서의 책임과 자립을 격려하기 위해 마련되었다. 전국 각지의 지방자치단체가 성년식을 열어 지역의 청년들에게 축하와 격려의 메시지를 전한다. 전통 복장인 기모노를 입고 기념 촬영을 하는 청년들이 많다.

★★☆

건국 기념일
(建国記念日)
けんこく き ねん び

2월 11일 일본의 건국을 기념하는 국경일이다. 일본 최초의 일왕인 진무 일왕이 즉위한 날로, 일본의 시작과 국가의 번영을 축하한다. 공식적인 행사는 비교적 적지만, 일부 신사에서 이를 기념하는 제사가 열리며, 애국심을 고취하는 기회로 삼는다. 일본 역사와 전통을 되새기며 나라에 대한 감사와 존중을 표현하는 날로 자리 잡고 있다.

★★☆

일왕 생일
(天皇誕生日)
てんのうたんじょうび

일왕의 생일을 기념하는 국가 공휴일이다. 현직 나루히토 일왕의 생일은 2월 23일이며, 일왕이 바뀌면 공휴일도 변경된다. 이날은 일반 국민이 고쿄(일왕의 거처)를 방문하여 일왕에게 직접 축하 인사를 전할 수 있는 특별 행사가 열린다. 일왕과 국민 간의 유대감을 강조하는 의미 있는 날로 여겨진다.

★★☆

춘분의 날
(春分の日)
しゅんぶん　ひ

대개 3월 20일 또는 21일에 해당하는 춘분의 날에는 자연을 경외하고 생명을 소중히 여기는 의미를 강조한다. 또한 이때는 봄의 시작을 알리는 시기이기도 하다. 많은 사람들이 조상을 기리기 위해 묘를 방문하고, 가족과 함께 시간을 보낸다. 계절의 변화와 가족 간의 유대를 기념하는 중요한 날이다.

★★☆

쇼와의 날
(昭和の日)
しょうわ　ひ

4월 29일 쇼와 일왕의 생일을 기념하는 날이다. 쇼와 시대의 역사와 성장을 되돌아보고, 일본의 평화와 번영을 되새긴다는 의미를 담고 있다. 본래는 쇼와 일왕의 탄생일이었으나, 현재는 쇼와 시대를 돌아보며 교훈을 얻고자 지정된 날이다. 일본의 황금연휴인 '골든위크'의 시작을 알리는 날이기도 하다.

★★☆

헌법 기념일
(憲法記念日)
けんぽう　き　ねん　び

골든위크 중간에 속하는 5월 3일로, 1947년 일본 헌법이 시행된 것을 기념하는 날이다. 헌법의 중요성을 되새기고, 민주주의와 평화에 대한 국민의 인식을 높이기 위해 지정되었다. 많은 사람들이 헌법의 의미와 일본 사회의 발전 방향에 대해 생각하는 계기로 삼고 있다.

★★☆

녹색의 날
(緑の日)
みどり　　ひ

골든위크에 포함되는 5월 4일로, 자연을 사랑하고 환경 보호의 중요성을 되새기는 날이다. 원래는 쇼와 일왕의 자연을 사랑하는 마음을 기리기 위해 그의 생일인 4월 29일에 지정되었다가, 이후 5월 4일로 변경되었다. 이날은 자연과 공생하는 삶의 가치를 생각하며, 공원이나 자연 명소를 방문해 휴식을 즐기고 자연과 함께 시간을 보내는 사람들이 많다.

★★★

어린이날
(子供の日)
こども　　ひ

5월 5일로 주로 남자아이의 건강과 성장을 기원하는 날이다. 집집마다 '고이노보리(こいのぼり)' 깃발을 달고, 실내에는 무사 인형이나 갑옷 장식을 놓아 아이가 씩씩하게 자라길 기원한다. 떡잎에 싼 단팥떡 '가시와 모치'를 먹으며 전통을 기념하고, 가족이 함께 아이의 미래를 축하한다. 요즘은 남자아이뿐 아니라 모든 어린이의 행복을 기원하는 날로 인식되고 있다.

★★☆

바다의 날
(海の日)
うみ　ひ

7월 셋째 주 월요일로, 바다의 중요성을 기리고 해양 산업에 대한 감사를 표현하는 날이다. 일본이 섬나라로서 바다와 밀접하게 연결되어 있음을 되새기고, 해양 자원의 보호와 해양 산업의 발전을 장려하는 의미를 지닌다. 많은 사람들이 해변을 방문하거나 해양 관련 행사에 참여하며 바다의 소중함을 느낀다. 여름 휴가철과 맞물려 많은 일본인이 여름을 즐기는 계기가 되기도 한다.

'바다의 날'은 전 세계에서 일본에만 유일하게 있는 국경일이다냥.

★★☆

산의 날
(山の日)
やま　ひ

8월 11일로, 산과 자연에 대한 감사와 이해를 깊이 하는 날이다. 자연과의 조화를 기리고 산의 중요성을 재조명하려는 취지에서 2016년에 제정되었다. 많은 사람들이 등산이나 캠핑 등 산에서 하는 활동을 즐기며 자연과 교감한다. 여름 휴가철과 겹쳐 있어 이 시기에 산을 찾는 이들이 많다.

★★☆

노인의 날
(敬老の日)
けいろう　ひ

9월 셋째 주 월요일로, 노인을 공경하고 장수에 대한 축하를 표현하는 날이다. 가족들은 어르신을 찾아뵙고, 지역 사회에서는 노인들을 위한 다양한 축하 행사를 연다. 노년층에 대한 존경과 감사의 마음을 전하는 중요한 기회로 여겨진다.

★★☆

추분의 날
(秋分の日)
しゅうぶん　ひ

대개 9월 22일이나 23일에 해당된다. 조상을 기리고 자연을 소중히 여기는 의미를 지니며, 가을이 시작되는 시기를 기념한다. 많은 사람들이 이날을 맞아 조상의 묘를 방문하거나 가족과 함께 시간을 보내며, 추수에 대한 감사의 마음을 전하기도 한다. 계절의 변화를 기념하고 가족과 유대를 깊게 하는 중요한 날이다.

★★☆

스포츠의 날
(スポーツの日)

10월 둘째 주 월요일로, 스포츠를 즐기고 건강을 증진하기 위한 날이다. 원래는 1964년 도쿄 올림픽을 기념하여 '체육의 날'로 지정되었으나, 이후 '스포츠의 날'로 이름이 바뀌었다. 이날 전국에서 다양한 스포츠 행사와 운동회가 열리며, 많은 사람들이 신체 활동을 통해 건강의 중요성을 되새긴다. 건강한 삶과 스포츠 문화 증진을 장려하는 중요한 날로 자리잡고 있다.

★★☆

문화의 날
(文化の日)

11월 3일로, 일본의 전통과 문화를 기리고 예술과 학문의 발전을 장려하는 날이다. 문화 행사와 전시회, 전통 예술 공연 등이 전국에서 열려 많은 사람들이 일본의 다양한 문화를 경험할 수 있다. 또한 정부는 문화 발전에 기여한 인물에게 문화훈장을 수여하여 그 공로를 기린다. 일본의 문화유산과 창조적 활동을 기념하는 의미 있는 날이다.

★★☆

근로 감사의 날
(勤労感謝の日)
きんろうかんしゃ　ひ

11월 23일로, 일하는 사람들의 노고에 감사하고 생산을 축하하는 날이다. 근로와 생산 활동의 중요성을 되새기며, 사회 구성원 간의 감사와 존중을 표현하는 기회로 삼는다. 많은 기업과 기관에서 근로자의 공헌을 기념하고, 일부 학교에서는 학생들이 지역 사회 근로자들에게 감사 편지를 전하기도 한다. 일의 의미와 공동체의 가치를 기념하는 날로 자리 잡고 있다.

선물 문화

★★★
오미야게
(お土産)
みやげ

여행지에서 사 오는 선물이나 기념품을 의미하며, 보통 가족, 친구, 동료 등에게 감사와 배려의 뜻을 전하기 위해 준비한다. 주로 지역 특산물이나 그곳만의 독특한 간식과 상품이 선택되며, 여행지의 문화를 공유하는 의미도 담고 있다. 일본에서는 오미야게를 주고받는 것이 예의로 여겨져, 여행 후에 이를 준비하는 것이 자연스러운 관습이다. 관계를 돈독히 하고 정성을 표현하는 중요한 문화 요소로 자리 잡고 있다.

★★☆

오쿠리모노
(贈り物)
おく もの

주로 특별한 날을 기념하거나 감사, 축하의 뜻을 전하기 위해 준비하는 선물을 뜻한다. 일본에서는 오쿠리모노를 통해 상대방에 대한 존경과 배려를 표현하는 것이 중요하며, 포장에도 신경을 써 예의를 갖추는 문화가 자리 잡고 있다. 생일, 결혼식, 연말 인사 등 다양한 상황에서 주고받으며, 적절한 선물을 선택하는 것이 큰 의미를 갖는다. 오쿠리모노 문화는 일본의 세심하고 정중한 관계 맺음을 잘 보여 준다.

★★☆

푸레젠토
(プレゼント)

주로 특별한 날이나 기념일에 주고받는 물건을 말한다. 일본에서는 생일, 크리스마스, 졸업식 등 다양한 행사에 선물을 주고받는 문화가 깊게 자리 잡고 있다. 또한 상대방의 마음을 배려하는 선물 선택과 정성스럽게 포장하는 것이 중요한 요소로 여겨진다. 선물은 실용적인 물건부터 고급스러운 품목까지 다양하며, 감사나 축하의 마음을 담아 전달한다.

★★☆

오추겐
(お中元)
_{ちゅうげん}

여름에 감사의 마음을 담아 선물을 주고받는 것을 말한다. 7월 중순에서 8월 초 사이에 직장 상사, 친척, 은사 등 평소 신세를 진 사람들에게 감사를 표현하기 위한 목적으로 선물을 하는데, 주로 식료품, 음료, 생활용품 등을 보낸다. 연말에 주고받는 '오세이보'와 함께 일본의 감사 선물 문화를 상징한다.

★★☆

오세이보
(お歳暮)
_{せい ぼ}

연말에 감사의 마음을 전하기 위해 선물을 주고받는 것을 말한다. 12월 초부터 연말까지 한 해 동안 도움을 준 사람들에게 감사를 표하며, 주로 고급 식료품이나 생활필수품을 보낸다. 여름에 주고받는 '오추겐'과 함께 일본의 주요 선물 문화로 자리 잡고 있다.

★★☆

데미야게
(手土産)
て みやげ

방문할 때 가져가는 작은 선물로, 상대방에 대한 배려와 예의를 나타내는 일본의 전통적인 문화이다. 주로 과자, 차, 술, 과일 등을 선물로 준비하며, 방문 목적과 받는 사람의 취향을 고려하는 것이 중요하다. 선물의 크기보다 정성과 포장이 중요한 요소로 여겨지며, 너무 비싼 선물은 부담을 줄 수 있다. 일본에서는 손님이 빈손으로 방문하지 않는 것이 예의이며, 선물을 전할 때는 양손으로 공손하게 건네는 것이 기본적인 매너이다.

★★☆

오카에시
(お返し)
かえ

선물을 받았을 때 감사의 의미로 답례하는 일본의 전통적인 문화이다. 일반적으로 받은 선물 가격의 1/3~1/2 정도의 금액이 적절하며, 너무 비싸거나 저렴한 답례는 예의에 어긋날 수 있다. 결혼, 출산, 장례식 등의 행사에서 받은 축의금이나 조의금에 대한 답례로도 자주 이루어진다.

4장

일본의 음식 문화

일본 음식의 특징

★★★
와쇼쿠
わしょく
(和食)

일본의 전통 요리를 의미한다. 밥, 국, 반찬, 절임 등을 기본 구성으로 하며, 균형 잡힌 영양과 아름다운 식기 배열, 자연의 맛을 살리고 계절감을 중시하는 요리 방식이 특징이다. 보기에도 아름다운 요리로 일본의 미적 감각을 반영한다. 2013년에 유네스코 무형문화유산으로 등재되며 세계적으로 그 가치를 인정받았다.

★★★

이치주산사이
いちじゅうさんさい
(一汁三菜)

전통적인 식사 구성 방식으로, '한 가지 국과 세 가지 반찬'을 의미한다. 기본적으로 밥과 국(된장국 등), 그리고 주된 반찬(주로 생선이나 고기)과 두 가지 부 반찬(채소, 절임 등)으로 구성된다. 영양 균형을 중시하며, 다양한 식재료를 사용해 건강을 고려한 식단이다. 일본 가정식의 대표적인 스타일로 자리 잡고 있으며, 균형 잡힌 식문화를 상징한다.

★☆☆

히시모치
(ひしもち)

일본의 전통 떡으로, 주로 히나마쓰리 때 먹는 상징적인 음식이다. 녹색, 흰색, 분홍색의 세 겹으로 이루어진 다이아몬드 모양이며, 색상마다 건강, 순결, 번영의 의미를 담고 있다. 녹색은 대지를, 흰색은 눈을, 분홍색은 꽃을 상징해 자연의 순환과 성장을 나타낸다. 축제의 장식으로 사용되기도 하며, 여자아이의 행복과 건강을 기원하는 의미가 있다.

★☆☆

가시와모치
(かしわもち)

어린이날에 즐겨 먹는 전통 떡으로, 떡갈나무 잎으로 싸서 만든 것이 특징이다. 떡 안에는 주로 달콤한 팥소가 들어 있으며, 떡갈나무 잎은 다산과 번영을 상징한다. 잎은 먹지 않지만, 떡에 향을 더해 준다. 어린이의 건강과 성장을 기원하는 의미가 있다.

★★★

벤또
(弁当)
べんとう

휴대할 수 있도록 포장된 일본식 도시락으로, 학교, 직장, 여행 등 다양한 상황에서 이용된다. 종류에는 에키벤(기차역 도시락), 갸라벤(캐릭터를 활용한 벤또), 가정식 벤또 등이 있다. 일본에서는 영양 균형과 미적 요소를 고려하여 도시락을 만드는 것이 중요하게 여겨진다. 또한, 벤또 문화는 편의점 벤또, 슈퍼마켓 벤또 등에서도 다양하게 발전하고 있다.

★★☆

갸라벤
(キャラ弁)

'캐릭터 도시락'의 줄임말로, 만화와 애니메이션 캐릭터나 동물 모양으로 꾸민 도시락을 말한다. 주로 아이들을 위해 밥, 반찬, 채소 등을 이용해 귀엽고 생동감 있게 만드는데, 시각적으로 즐거움을 주어 도시락을 더 즐겁게 먹을 수 있도록 도와준다. 부모들이 정성을 들여 준비하는 도시락으로, 일본의 독특한 음식 문화 중 하나이다.

★★★

에키벤
(駅弁)

일본의 기차역에서 판매되는 도시락을 말한다. 지역 특산물을 활용한 다양한 메뉴가 있으므로 각 지역에서 특색 있는 에키벤을 맛볼 수 있다. 기차 여행의 즐거움 중 하나이며, 예쁜 포장과 고유의 맛으로 인기가 많다. 일본 각지의 맛을 경험할 수 있어 여행객들 사이에서 특별한 매력을 지닌다.

★☆☆

규니쿠도만나카
(牛肉どまん中)

인기 에키벤 중 하나로, 야마가타현의 특산물로 유명하다. 밥 위에 간장 소스로 조리된 소고기가 듬뿍 올려져 있어 풍미가 깊고 고소한 맛을 자랑한다. '도만나카'는 '한가운데'를 뜻하며, 소고기의 풍미가 밥 한가운데에 가득하다는 의미이다. 신선한 지역 재료를 활용한 에키벤으로, 일본 기차 여행 중 맛볼 수 있는 특별한 요리이다.

★☆☆

시우마이벤또
(シウマイ弁当)

가나가와현 요코하마에서 유명한 에키벤으로, 시우마이(작은 일본식 만두)와 계란말이, 절임, 생선구이 등 다양한 반찬이 담겨 있어 풍성한 맛을 즐길 수 있다. 시우마이 자체가 요코하마의 대표 음식이기도 하며, 지역 특색을 살린 도시락으로 사랑받고 있다.

★☆☆

마스노스시
(ますのすし)

도야마현의 전통 에키벤으로, 송어를 사용한 초밥이 들어 있다. 나무 상자에 밥과 절인 송어를 층층이 쌓아 대나무 잎으로 감싸고, 풍미가 배어들도록 눌러 만든 것이 특징이다. 대나무 잎의 향이 밥과 생선에 스며들어 독특한 풍미를 즐길 수 있으며, 도야마현의 특산물로 자리 잡았다. 일본 기차 여행 중 특별한 초밥 도시락으로 인기를 끌고 있다.

★★☆

가이세키 요리
(懐石料理)

계절에 맞는 신선한 재료를 사용하여 다채롭고 섬세하게 준비하는 전통 코스 요리이다. 원래 다도를 위한 간단한 식사에서 유래했으나, 현재는 정교한 요리와 아름다운 그릇에 담아내는 미적 감각이 돋보이는 요리로 발전했다. 코스는 주로 밥, 국, 생선, 야채 등을 포함하여 하나씩 차례대로 제공되며, 자연의 아름다움과 재료 본연의 맛을 중시한다. 일본 미식 문화의 정수를 보여주는 고급 요리로 평가받고 있다.

'가이세키 요리'는 두 종류가 있다냥. 한자가 다르다냥.

★★☆

가이세키 요리
(会席料理)
かいせきりょうり

일본의 전통적인 연회 요리로, 다양한 요리를 코스로 구성하여 술과 함께 즐길 수 있도록 한 고급 식사를 말한다. 각 요리는 제철 재료를 사용해 정성스럽게 준비하며, 아름다운 그릇에 담겨 나오는 것이 특징이다. 회, 구이, 찜, 튀김, 밥, 국 등이 포함되어 있어 다채로운 맛과 식감을 경험할 수 있다. 사교적인 자리에서 술과 함께 즐기는 연회 스타일로 발전했으며, 일본 요리의 품격을 느낄 수 있는 요리로 알려져 있다.

★★☆

젓가락
(箸)
はし

일본에서 사용되는 젓가락은 한국이나 중국 젓가락보다 짧고 끝이 뾰족한 형태가 특징이다. 나무, 대나무, 플라스틱 등 다양한 재료로 제작되며, 일회용 나무젓가락인 '와리바시'도 널리 사용된다. 식사 예절과 관련된 금기사항이 많아, 음식에 꽂거나 젓가락으로 음식을 서로 건네는 행위는 피해야 한다.

★★☆

양식
ようしょく
(洋食)

일본에서 독자적으로 발전한 서양식 요리를 의미하며, 메이지 시대 서양 문화 유입과 함께 정착되었다. 일본인의 입맛에 맞게 변형된 것이 특징으로, 대표적인 요리로는 하야시라이스, 오므라이스, 돈가스, 고로케 등이 있다. 밥과 함께 먹거나 젓가락을 사용하여 식사하는 등 일본식 요소가 가미되었다. 현재 가정식과 레스토랑에서 널리 사랑받으며, 일본 음식 문화의 중요한 한 부분을 차지하고 있다.

★★☆

쇼진 요리
しょうじんりょうり
(精進料理)

불교의 영향을 받은 일본 전통 사찰 음식으로, 육류와 생선을 사용하지 않고 채소, 두부, 해조류 등을 활용한 요리이다. 고기를 대신해 콩류와 곡물로 단백질을 보충하며, 재료 본연의 맛을 살리는 조리법이 특징이다. 일본의 절에서 수행하는 승려들이 주로 먹으며, 건강식으로도 널리 알려져 있다. 현대에는 채식주의자나 건강을 중시하는 사람들에게 인기가 있으며, 일부 전문 식당에서도 제공된다.

★★☆

중화 요리
ちゅうかりょうり
(中華料理)

일본에서 독자적으로 발전한 중국 요리를 의미하며, 일본인의 입맛에 맞게 변형된 것이 특징이다. 대표적인 요리로는 라멘, 짬뽕, 교자, 칠리새우 등이 있으며, 간장이나 된장 베이스의 국물과 가벼운 조미료가 자주 사용된다. 일본식 중화요리 전문점에서 쉽게 접할 수 있으며, 가정에서도 즐겨 먹는 인기 요리이다. 본래의 중국 요리와는 조리법과 맛에 차이가 있어 독특한 일본식 퓨전 요리로 자리 잡았다.

★★☆

정식
ていしょく
(定食)

한 끼 식사가 균형 잡힌 구성을 갖춘 세트 메뉴 형태로 제공된다. 기본적으로 밥, 된장국, 메인 반찬(생선이나 고기 요리), 작은 반찬과 쓰케모노(절임)가 함께 나온다. 대표적으로 생선구이 정식, 돈가스 정식 등이 있다. 가정식과 유사한 형태로 영양 균형이 좋아 일본의 대중적인 식사 스타일로 자리 잡고 있다.

★★☆

와사비
(わさび)

일본 요리에 사용되는 향이 강한 녹색의 양념으로, 톡 쏘는 매운맛이 특징이다. 주로 스시나 사시미와 함께 제공되며, 생선의 비린내를 잡아주고 풍미를 더하는 역할을 한다. 본래는 강가에서 자라는 와사비 식물의 뿌리를 갈아서 만들지만, 시중에서는 겨자와 고추냉이를 섞은 튜브형 제품도 흔히 사용된다. 항균 효과가 있어 식중독 예방에도 도움이 되며, 일본 요리에서 빼놓을 수 없는 필수 조미료이다.

★★☆

오차즈케
(お茶漬け)

따뜻한 녹차나 육수(다시) 국물을 밥 위에 부어 말아 먹는 일본 전통 가정식 요리이다. 연어, 우메보시(매실 절임), 김, 참깨 등 다양한 토핑을 올려 간편하면서도 깊은 풍미를 즐길 수 있다. 소화가 잘되고 가볍게 먹을 수 있어 야식이나 속이 편하지 않을 때 자주 먹는 음식으로 알려져 있다. 일본에서는 즉석 오차즈케 제품도 많이 판매되며, 간편하면서도 따뜻한 한 끼로 사랑받고 있다.

★★☆

다베호다이
(食べ放題)
た　　　ほうだい

일정 금액을 지불하면 정해진 시간 동안 원하는 만큼 음식을 마음껏 먹을 수 있는 뷔페 스타일의 식사 방식이다. 스시, 샤부샤부, 야키니쿠 등 다양한 음식점에서 제공되며, 일본에서는 가족이나 친구들과 함께 가는 인기 있는 외식 옵션이다. 보통 60~90분의 시간 제한이 있으며, 음식을 남기면 추가 요금이 부과될 수도 있다.

'~放題'는 '마음껏 ~함, 하고 싶은 대로 함'이라는 뜻이다냥.

★★☆

노미호다이
(飲み放題)
の　　ほうだい

일정 금액을 지불하면 정해진 시간 동안 다양한 종류의 음료를 무제한으로 즐길 수 있는 일본의 음료 서비스이다. 주로 이자카야, 레스토랑, 호텔 바 등에서 제공되며, 맥주, 사케, 하이볼, 소프트드링크 등이 포함된다. 일반적으로 60~120분의 시간 제한이 있으며, 음식과 함께 주문해야 하는 경우가 많다. 다베호다이(음식 무한리필)와 함께 세트로 제공되는 경우도 많아 가성비 좋은 회식 옵션으로 인기가 있다.

대표적인 일본 음식

★★★

스시
(寿司)
_{すし}

일본을 대표하는 요리로, 주로 신선한 해산물이나 채소를 식초로 간을 한 밥과 함께 먹는 음식이다. 재료와 형태에 따라 니기리즈시(손으로 쥔 스시), 마키즈시(김으로 만 스시), 지라시즈시(그릇에 담은 스시) 등 다양한 종류가 있다. 생선의 신선함과 밥의 간이 조화를 이루며, 간장, 와사비, 생강 절임 등을 곁들여 먹는다.

★★☆

샤리
(シャリ)

식초로 간을 한 밥으로, 스시의 밑바탕이 되는 중요한 요소이다. 밥에 식초, 설탕, 소금을 혼합하여 맛을 더하며, 생선과 조화를 이루어 풍미를 내도록 한다. 적당한 온도와 적절한 식감이 중요하며, 신선한 재료와 어우러져 스시의 맛을 완성한다.

★★☆

사시미
(刺身)

신선한 생선이나 해산물을 얇게 썰어낸 회로, 본연의 맛과 식감을 즐기는 음식이다. 생선뿐 아니라 오징어, 조개, 문어 등 다양한 해산물을 사용하며, 간장과 와사비를 곁들여 먹는다. 재료의 신선함이 가장 중요하여, 숙련된 기술로 정교하게 손질하는 것이 특징이다.

★★★

돈부리
(丼)
どんぶり

밥 위에 다양한 재료를 얹어 한 그릇으로 즐기는 덮밥 요리이다. 고기, 생선, 채소, 달걀 등을 밥 위에 올리고, 간장 베이스의 양념이나 소스를 뿌려 풍미를 더한다. 대표적인 돈부리 종류로는 규돈(소고기 덮밥), 가쓰돈(돈가스 덮밥), 덴돈(튀김 덮밥) 등이 있다.

★★☆

규돈
(牛丼)
ぎゅうどん

얇게 썬 소고기를 양파와 함께 간장, 설탕, 미림 등으로 조린 후 밥 위에 얹어 먹는 대표적인 덮밥 요리이다. '규'는 소고기, '돈'은 덮밥을 의미하며, 달콤하고 짭조름한 맛이 특징이다. 간편하면서도 든든한 한 끼 식사로 저렴하고 빠르게 즐길 수 있어 학생들과 직장인들에게 인기가 많다.

★★☆

덴동
てんどん
(天丼)

덮밥 요리 중 하나로, 밥 위에 튀김(덴푸라)을 얹고 간장 베이스의 달콤짭짤한 소스를 뿌린 음식이다. 튀김 재료로는 주로 새우, 생선, 채소 등이 사용되며, 바삭한 식감과 밥의 조화가 매력적이다. 일본에서는 가정에서뿐만 아니라 전문점에서도 쉽게 찾아볼 수 있는 인기 메뉴이다.

★★☆

오야코돈
おやこどん
(親子丼)

닭고기와 달걀을 간장 베이스의 달콤짭짤한 소스에 조려 밥 위에 올려 먹는 덮밥 요리이다. '오야코'는 '부모와 자식'을 의미하며, 닭고기와 달걀의 조합을 상징적으로 표현한 이름이다. 부드러운 달걀과 촉촉한 닭고기가 어우러져 풍부한 맛을 즐길 수 있다.

★★☆

우나돈
(うな丼)

밥 위에 구운 장어를 얹고 간장 베이스의 달콤짭짤한 소스를 뿌려 먹는 덮밥 요리이다. 장어는 숯불에 구워 겉은 바삭하고 속은 부드럽게 조리한다. 장어의 풍미와 소스가 밥과 어우러져 독특한 맛을 선사한다. 특히 여름철 보양식으로 인기가 있으며, 일본 전역에서 즐겨 먹는 고급 요리이다.

★★☆

가쓰돈
(カツ丼)

바삭하게 튀긴 돈가스를 달걀과 양파, 간장 베이스 소스에 함께 끓여 밥 위에 올려 먹는 덮밥 요리이다. '가쓰'는 돈가스를, '돈'은 덮밥을 의미하며, 두 가지가 어우러져 풍부한 맛과 식감을 즐길 수 있다. 달걀과 양파의 부드러움이 돈가스의 바삭함과 조화를 이루어 인기가 많다. 간단하면서도 든든한 한 끼로, 가정식과 식당 메뉴로 널리 사랑받고 있다.

★★☆

덴푸라
てん
(天ぷら)

일본의 대표적인 튀김 요리로, 신선한 해산물이나 채소에 얇은 밀가루 반죽을 입혀 바삭하게 튀긴 것이다. 새우, 고구마, 가지, 연근 등이 주로 사용되며, 기름의 온도를 잘 조절해 바삭한 식감이 특징이다. 간장 베이스의 쓰유 소스나 소금에 찍어 먹는다.

★★☆

샤부샤부
(しゃぶしゃぶ)

일본의 대표적인 전골 요리로, 얇게 썬 고기와 채소를 끓는 육수에 살짝 데쳐서 먹는다. 고기는 주로 소고기나 돼지고기를 사용하며, 채소와 버섯, 두부 등을 함께 곁들인다. 고기를 데친 후 폰즈나 참깨 소스에 찍어 고유의 맛을 살리는 것이 특징이다. 가벼운 식감과 신선한 재료를 즐길 수 있으며, 겨울철에 특히 인기가 있다.

★★☆

스키야키
(すき焼き)

얇게 썬 소고기와 채소, 두부, 버섯 등을 달콤짭짤한 간장 베이스 소스에 졸여 먹는 전골 요리이다. 재료를 냄비에 넣고 끓인 후, 익힌 고기를 날달걀에 찍어 먹는 독특한 방식이 특징이다. 간장, 설탕, 미림 등으로 맛을 낸 국물 덕분에 깊고 진한 풍미를 즐길 수 있다. 가족이나 친구들이 모여 함께 먹는 메뉴로 인기가 있고, 특히 겨울철에 많이 먹는다.

★★★

라멘
(ラーメン)

일본의 대표적인 면 요리로, 중국에서 유래했으나 일본식으로 발전한 음식이다. 주로 돼지 뼈, 닭 뼈, 해산물 등을 우려낸 국물에 면과 고기, 파, 계란 등 다양한 토핑을 얹어 먹는다. 종류에 따라 된장, 간장, 소금, 돼지 뼈 국물 등으로 나뉘며, 지역마다 독특한 라멘 스타일이 있다. 깊고 진한 국물과 쫄깃한 면발이 특징으로, 일본 내외에서 폭넓게 사랑받는 음식이다.

★★☆

쇼유라멘
(醬油ラーメン)

간장(しょうゆ) 베이스 국물을 사용하는 것이 특징이다. 국물은 주로 돼지 뼈나 닭 뼈, 또는 해산물로 우려내며, 간장이 더해져 감칠맛과 짭짤한 맛이 조화를 이룬다. 얇은 면과 함께 차슈(돼지고기), 파, 죽순, 달걀 등 다양한 토핑이 올라가 풍부한 맛을 즐길 수 있다. 일본에서 가장 전통적이고 대중적인 라멘 스타일 중 하나이다.

★★☆

시오라멘
(塩ラーメン)

소금(しお)을 기본으로 한 담백한 국물이 특징이다. 일반적으로 돼지 뼈, 닭 뼈, 가다랑어 등 다양한 재료로 육수를 내고, 소금으로 간을 맞추어 깔끔하고 가벼운 맛을 낸다. 국물 색이 맑으며, 재료 본연의 맛을 살리기 위해 간을 심하게 하지 않는다. 주로 해산물이나 채소 고명을 올려 담백함을 강조한다.

★★☆

미소라멘
(味噌ラーメン)

된장(みそ)을 사용한 진한 국물이 특징이다. 된장을 베이스로 하여 감칠맛이 풍부하며, 돼지 뼈나 닭 뼈로 낸 육수와 조화를 이루어 깊은 맛을 낸다. 국물은 걸쭉한 편이며, 향신료와 채소를 더해 풍성한 맛을 자랑한다. 특히 삿포로 지역에서 유명하며, 겨울철 따뜻하게 즐기기 좋은 라멘이다.

★★☆

돈코쓰라멘
(豚骨ラーメン)

돼지 뼈(とんこつ)를 오래 끓여 만든 진하고 걸쭉한 국물이 특징이다. 국물이 뽀얗고 깊은 풍미가 있으며 고소하고 진한 맛을 즐길 수 있다. 주로 규슈 지역에서 인기가 많으며, 특히 후쿠오카의 하카타라멘이 대표적이다. 면발은 얇고 꼬들한 편으로 진한 국물과 잘 어울린다.

★★★

소바
(そば)

메밀로 만든 전통 면 요리로, 가늘고 쫄깃한 면발이 특징이다. 차가운 소바는 주로 쯔유(간장 베이스의 소스)에 찍어 먹으며, 따뜻한 소바는 국물에 담가 따뜻하게 먹는다. 조리 방법이 간단하면서도 담백한 맛으로 여름철에는 시원하게, 겨울철에는 따뜻하게 먹기 좋아 계절에 따라 다양하게 즐길 수 있다.

★★☆

힛코시소바
(引っ越しそば)
　ひ　こ

이사할 때 이웃에게 인사를 겸해 건네는 소바로, 새로운 인연을 잘 이어가기를 바란다는 의미가 담겨 있다. '소바'는 '가깝다'는 뜻의 '소바(側)'와 발음이 같아 친밀함을 상징한다. 주로 말린 소바를 선물하며, 이사 후 이웃과 좋은 관계를 맺고자 하는 마음을 표현하는 일본의 독특한 이사 문화 중 하나이다.

★★★

우동
(うどん)

밀가루로 만든 전통 면 요리로, 굵고 쫄깃한 면발이 특징이다. 따뜻한 우동은 진하고 가벼운 간장 베이스의 국물에 담가 먹고, 차가운 우동은 간장 소스에 찍어 먹는 등 다양한 방식으로 즐길 수 있다. 고명으로는 파, 튀김 부스러기, 새우 튀김 등을 올려 풍미를 더한다. 일본 전역에서 계절과 지역에 따라 다양한 스타일로 사랑받는 인기 요리이다.

★★☆

기쓰네 우동
(きつねうどん)

전통 우동 요리 중 하나로, 간장과 설탕으로 달짝지근하게 양념한 유부가 올라간 것이 특징이다. '기쓰네'는 '여우'를 뜻하며, 여우 털의 색깔과 유부의 색깔이 비슷하여 이름이 붙여졌다는 설이 있다. 담백한 우동 국물과 달콤한 유부가 어우러져 부드러운 맛을 자랑한다. 주로 간사이 지역에서 인기가 많다.

> 잘게 썬 파와 튀김 부스러기를 얹은 우동은 '다누키 우동'이라고 한다냥. '다누키'는 '너구리'라는 뜻이다냥.

★★☆

가라아게
(唐揚げ)
から あ

일본식 튀김 요리로, 주로 닭고기를 간장, 생강, 마늘 등으로 양념한 후 전분을 입혀 바삭하게 튀겨낸 것이 특징이다. 겉은 바삭하고 속은 촉촉하며, 양념의 풍미가 잘 배어 있어 감칠맛이 돋보인다. 일본에서는 간단한 반찬, 술안주, 도시락 반찬으로 인기가 많으며, 간식으로도 즐겨 먹는다. 지역에 따라 다양한 조리법과 양념이 있어 각기 다른 맛을 느낄 수 있다.

★★★

오니기리
(おにぎり)

대표적인 주먹밥으로, 손으로 쥐어 삼각형, 원형, 원통형 등 다양한 형태로 만든다. 소금으로 간을 한 밥에 우메보시(매실절임), 연어, 명란 등 다양한 속재료를 넣고, 김으로 감싸는 것이 일반적이다. 간편한 한 끼 식사로 도시락이나 편의점에서 흔히 볼 수 있으며, 여행이나 소풍에도 인기가 많다. 지역과 가정마다 다양한 조리법이 존재한다.

★★★
다코야키
(たこ焼き)

밀가루 반죽에 잘게 썬 문어(たこ)를 넣어 동그랗게 구운 오사카의 대표적인 길거리 음식이다. 둥근 철판 틀에서 굽고 굴려가며 조리하여 겉은 바삭하고 속은 부드러운 식감을 가진다. 소스, 마요네즈, 가쓰오부시 등을 뿌려 먹으며, 뜨거운 상태로 제공되는 것이 일반적이다. 일본의 축제나 마쓰리에서 흔히 볼 수 있으며, 지역별로 다양한 조리법이 존재한다.

★★★
오코노미야키
(お好み焼き)

밀가루 반죽에 양배추, 고기, 해산물 등을 넣어 철판에서 부쳐 먹는 일본식 부침개이다. '오코노미(お好み)'는 '기호에 따라'라는 뜻으로, 다양한 재료를 넣어 취향에 맞게 만들 수 있다. 간장 베이스의 달콤한 소스, 마요네즈, 가쓰오부시를 뿌려 풍미를 더한다. 오사카식(간사이풍)과 히로시마식(히로시마풍) 등 지역별 스타일이 존재하며, 일본의 대표적인 길거리 음식 중 하나이다.

★★☆

카레라이스
(カレーライス)

일본식 카레와 밥을 함께 먹는 요리이다. 인도에서 유래한 카레가 일본인 입맛에 맞게 변형되어 걸쭉하고 달콤하며 고기와 채소가 듬뿍 들어가는 것이 특징이다. 일반적으로 밥 한쪽에 카레를 얹어 먹으며, 가정마다 다양한 레시피와 스타일이 있다. 손쉽게 만들 수 있어 학교 급식이나 가정식으로 자주 등장하는 대표 음식 중 하나이다.

★★☆

카레우동
(カレーうどん)

걸쭉한 카레 국물에 우동 면을 넣어 먹는 음식이다. 일본 카레 특유의 진하고 달콤한 맛이 우동과 어우러져 풍부한 감칠맛을 즐길 수 있다. 주로 고기와 채소가 함께 들어가며, 카레의 맛과 우동의 쫄깃한 식감을 동시에 느낄 수 있는 것이 특징이다. 겨울철에 특히 인기 있는 따뜻한 음식으로, 일본 각지에서 사랑받고 있다.

★★☆

고로케
(コロッケ)

감자나 고기, 채소 등을 으깬 후 밀가루, 달걀, 빵가루를 입혀 튀긴 일본식 크로켓이다. 바삭한 식감과 부드러운 속이 특징이며, 간식이나 반찬으로 인기가 많다. 감자 고로케, 고기 고로케, 야채 고로케 등 다양한 종류가 있으며, 슈퍼마켓이나 편의점에서도 쉽게 구입할 수 있다. 서양에서 유래했지만, 일본인 입맛에 맞게 변형되어 일본 가정식의 한 부분으로 자리 잡았다.

★★☆

오므라이스
(オムライス)

볶음밥을 부드러운 달걀로 감싸고 위에 케첩을 뿌려 먹는 음식이다. 원래는 서양 오믈렛에서 영감을 받아 일본식으로 변형된 요리로, 가정에서 쉽게 만들어 먹거나 경양식 레스토랑에서 즐길 수 있다. 남녀노소 인기가 많은 대표적인 양식 스타일 가정식이다.

★★★
돈가스
(とんカツ)

일본식 돼지고기 튀김 요리로, 두툼한 돼지고기 등심 또는 안심에 밀가루, 달걀, 빵가루를 입혀 바삭하게 튀긴 것이다. 주로 밥, 국, 채소와 함께 정식으로 제공되며, 돈가스 소스를 뿌리거나 찍어 먹는 것이 일반적이다. 일본에서는 다양한 변형 요리로도 즐기며, 가정식부터 전문 돈가스 식당까지 폭넓게 사랑받고 있다. 외국 요리에서 유래했지만, 일본식으로 재해석되어 일본의 대표 요리 중 하나로 자리 잡았다.

★★★
낫토
(納豆) なっとう

콩을 발효하여 끈적한 질감과 독특한 향이 특징인 전통 발효 음식이다. 주로 아침 식사로 간장, 파, 겨자 등을 곁들여 밥과 함께 먹는다. 건강에 좋은 단백질과 프로바이오틱스가 풍부하다. 특유의 냄새와 끈끈한 식감 때문에 호불호가 갈리지만, 일본에서는 대표적인 건강식으로 인식되며 일본인의 식생활에서 중요한 부분을 차지하고 있다.

★★☆

쓰케모노
つけもの
(漬物)

다양한 채소를 소금, 식초, 된장, 간장 등으로 절여 만든 반찬이다. 주로 밥과 함께 먹으며, 맛을 돋우는 역할을 한다. 배추, 무, 오이 등이 많이 사용되며, 재료와 절이는 방식에 따라 색다른 맛과 식감을 즐길 수 있어 일본 가정식에서 빠질 수 없는 요소이다. 지역마다 독특한 쓰케모노(절임 음식)가 있다.

★★☆

야키모노
や　もの
(焼き物)

불이나 팬을 이용해 생선, 고기, 채소 등을 굽거나 볶아 조리하는 일본 요리 방식이다. 대표적인 요리로는 야키자케(구운 연어), 야키토리(닭꼬치), 다코야키(문어빵) 등이 있다. 직화구이나 철판구이 등 다양한 조리법이 있으며, 불맛과 재료 본연의 풍미를 살리는 것이 특징이다. 일본 요리에서 중요한 조리법 중 하나로, 가정식부터 고급 요리까지 폭넓게 활용된다.

★★☆

나베모노
(なべもの)
(鍋物)

여러 가지 재료를 넣고 끓여 먹는 일본식 전골 요리로, 추운 계절에 특히 인기가 많다. 대표적인 종류로는 스키야키(간장과 설탕으로 간을 한 전골), 샤부샤부(얇은 고기를 육수에 살짝 익혀 먹는 전골), 잔코나베(스모 선수들이 즐겨 먹는 전골) 등이 있다. 국물의 종류와 재료 조합에 따라 다양한 스타일이 존재하며, 마지막에는 밥이나 면을 넣어 남은 국물까지 활용하는 것이 일반적이다. 일본에서는 가정에서 가족과 함께 나눠 먹는 따뜻한 요리로, 정을 나누는 음식으로 여겨진다.

★★☆

야키토리
(や　とり)
(焼き鳥)

닭고기를 꼬치에 꿰어 숯불에 구운 일본식 꼬치구이 요리이다. 소금 또는 단맛이 나는 간장 소스로 간을 맞추어 구운 것이 일반적이다. 다양한 부위를 사용하며, 대표적으로 모모(허벅지살), 네기마(파와 닭고기), 쓰쿠네(닭고기 완자 꼬치) 등이 있다. 주로 이자카야에서 술과 함께 즐기는 인기 안주이며, 일본의 대표적인 길거리 음식 중 하나이다.

★★☆

야키니쿠
(焼き肉)
やきにく

일본식 불고기 요리로, 고기를 한 입 크기로 잘라 숯불이나 철판에 구워 먹는 것이 특징이다. 주로 소고기를 사용하며, 간장, 된장, 소금 등으로 간을 하거나 소스에 찍어 먹는다. 부위별로 다른 맛과 식감을 즐길 수 있어 인기가 있으며, 특히 가족이나 친구들과 함께 먹는 외식 메뉴로 사랑받는다. 한국식 불고기에서 영향을 받아 발전한 음식으로도 알려져 있다.

★★☆

와가시
(和菓子)
わがし

일본의 전통 과자로, 주로 팥소, 찹쌀, 한천 등을 사용하여 만든다. 대표적인 종류로는 다이후쿠(찹쌀떡), 도라야키(팥소 팬케이크), 모나카(팥소를 넣은 과자) 등이 있다. 계절감을 중요하게 여겨, 봄에는 사쿠라모치, 여름에는 미즈요칸처럼 계절에 맞는 과자가 등장한다. 다도에서 녹차와 함께 제공되는 경우가 많으며, 단맛이 강하지만 자연스러운 재료를 활용한 것이 특징이다.

일본의 식사 예절

★★★

이타다키마스
(いただきます)

식사를 하기 전에 '잘 먹겠습니다'라는 의미로 사용하는 인사말이다. 음식 재료를 제공한 자연, 요리를 준비한 사람, 함께 식사하는 사람들에 대한 감사의 마음을 표현하는 문화적 요소이다. 일본에서는 이 표현이 식사 예절의 기본으로 여겨지며, 가정, 학교, 직장 등 다양한 장소에서 사용된다. 또한, 손을 모으고 가볍게 고개를 숙이며 말하는 것이 일반적인 식사 예절이다.

★★★

고치소사마
(ごちそうさま)

식사를 마친 후 '잘 먹었습니다'라는 의미로 사용하는 인사말이다. 음식을 준비한 사람, 자연의 은혜, 함께 식사한 사람들에게 감사를 표현하는 중요한 식사 예절 중 하나이다. 일반적으로 '고치소사마데시타(ごちそうさまでした)'라고 정중한 표현으로 사용된다. 일본에서는 가정뿐만 아니라 식당에서도 식사가 끝난 후 이 표현을 말하는 것이 좋은 매너로 여겨진다.

★★☆

간파이
(乾杯)

'건배'를 의미하는 표현으로, 술자리에서 잔을 부딪치며 사용하는 인사말이다. 연회, 회식, 축하 행사 등 다양한 자리에서 쓰이며, 보통 상급자가 먼저 제안하는 것이 예의이다. 잔을 들 때는 너무 높이 들지 않고 상대방보다 살짝 낮게 드는 것이 존중의 표현이다. 일본에서는 '간파이!'라고 외친 후 바로 마시는 것이 일반적이며, 첫 잔을 거절하는 것은 실례가 될 수 있다.

★★☆

오토시
(お通し)
とお

이자카야에서 술을 주문하면 기본적으로 제공되는 작은 안주이다. 식전 요리와 비슷한 개념으로, 별도로 주문하지 않아도 가게에서 기본적으로 내오며 요금이 청구되는 것이 특징이다. 주로 간단한 나물, 두부, 절임 요리 등 가벼운 안주가 제공된다. 일본에서는 자릿세의 개념으로 이해되며, 이를 거절하는 것은 실례가 될 수도 있다.

★★★

오모테나시
(おもてなし)

일본식 환대 정신을 의미하며, 손님을 정성껏 대접하는 문화를 나타낸다. 단순한 서비스가 아니라, 상대방이 편안함을 느낄 수 있도록 세심한 배려와 진심 어린 환대를 중요하게 여긴다. 음식 제공, 숙박, 비즈니스 등 다양한 분야에서 실천되며, 일본 특유의 손님맞이 태도로 자리 잡고 있다. 특히, 다도에서 발달한 개념으로, 자신을 내세우지 않고 상대방을 먼저 배려하는 마음가짐이 핵심이다.

日本文化

5장

일본의 의복과 주거 문화

일본의 의복 문화

★★★ 기모노
きもの (着物)

결혼식, 성인식, 축제 등 특별한 행사에서 주로 착용하는 전통 의상이다. 긴 소매와 발목까지 내려오는 길이가 특징이며, 허리 부분을 오비라고 하는 넓은 띠로 묶어 입는다. 옷감의 색과 무늬가 다양하고, 계절과 행사에 맞춘 여러 가지 소재와 디자인이 있다. 일본 문화를 상징하며, 세련된 아름다움과 예술성을 지닌 옷이다.

★★★ 유카타 (浴衣)
ゆかた

여름에 입는 전통 의상으로, 주로 면 소재로 만들어 시원하고 가벼운 것이 특징이다. 여름 축제, 불꽃놀이 등의 행사에서 입으며, 목욕 후 가볍게 걸쳐 입기도 한다. 기모노와 비슷한 형태이지만, 착용이 더 간편하다. 화려한 색상과 무늬로 다양한 스타일을 연출할 수 있어 젊은 층을 중심으로 인기가 많다.

★★☆ 오비 (帯)
おび

전통 의상인 기모노와 유카타를 착용할 때 허리에 묶는 넓은 띠를 말한다. 기모노의 격식과 스타일에 따라 오비의 길이와 폭, 색상, 묶는 방식이 달라진다. 의복을 고정하는 역할을 하며, 묶는 방법에 따라 개성과 격식을 표현할 수 있다. 화려하고 예술적인 오비는 일본 전통 의상의 중요한 요소로 여겨진다.

★★☆

시로무쿠
(しろむく)
(白無垢)

전통 결혼식에서 신부가 입는 순백의 기모노이다. '시로'는 흰색, '무쿠'는 순수함을 의미하며, 흰색은 신부가 결혼을 통해 새로운 가정에 순수한 마음으로 들어간다는 뜻을 담고 있다. 화려한 자수와 장식이 특징이며, 일본의 전통 혼례 의상 중 가장 격식 있고 우아한 복장으로 여겨진다.

★★☆

이로우치카케
(いろうちかけ)
(色打掛)

전통 결혼식에서 신부가 착용하는 화려한 색상의 기모노이다. '이로'는 색을, '우치카케'는 외투를 의미하며, 주로 붉은색이나 금색 등의 화려한 색상과 정교한 자수로 장식된 것이 특징이다. 기모노 위에 겹쳐 입으며, 바닥에 끌리는 긴 길이로 우아함과 격식을 더한다. 시로무쿠와 함께 신부 의상으로 자주 선택된다.

★★☆

하카마
_{はかま}
(袴)

바지형 전통 의상으로, 주름이 잡힌 독특한 디자인이 특징이다. 남성은 보통 허리까지 끌어올려 입고 여성은 허리 아래로 착용한다. 주로 결혼식, 전통 행사, 무예 수행(검도, 궁도 등) 시 입으며, 격식과 위엄을 상징한다.

★★☆

하오리
_{は おり}
(羽織)

전통 의상인 기모노 위에 걸쳐 입는 짧은 외투로, 남성과 여성 모두가 착용한다. 길이는 허리나 엉덩이 정도로 내려오며, 추운 날씨에 보온을 위해 입거나 격식을 갖출 때 입는다. 고리를 사용해 가슴 부분을 약간 여미 입는 것이 특징이며, 고유한 문양이나 자수로 장식되기도 한다. 현대에는 전통 행사나 축제에서 종종 착용한다.

★★☆

모후쿠
も ふく
(喪服)

검은색의 전통 상복으로, 장례식과 추도식에서 착용한다. 기모노 형태이며 남성은 검은색 하오리와 하카마를, 여성은 검은색 기모노에 검은 오비를 매는 것이 일반적이다. 무채색과 단순한 디자인으로 슬픔과 정숙함을 표현하며, 전통적인 예절을 중시한 복장이다.

사과 품종 중 하나인 아오리 사과가 아오모리현에서 재배된 사과다냥.

★★☆

후리소데
ふりそで
(振袖)

전통 기모노의 한 종류로, 결혼하지 않은 젊은 여성이 입는 화려한 기모노이다. 긴 소매가 특징으로, 소매 길이는 보통 100cm 이상이며 움직일 때 우아하게 흔들리는 모습이 아름답다. 결혼식, 성인식 같은 특별한 행사에서 주로 입으며, 색상과 무늬가 화려하고 다양한 디자인이 사용된다.

규슈는 따뜻한 기후와 화산, 온천이 유명하다냥.

★★☆

도메소데
とめそで
(留袖)

전통 기모노 중 하나로, 결혼한 여성이 격식을 차릴 때 입는 의상이다. 소매가 짧고 단정한 디자인이 특징이며, 보통 검은색 바탕에 허리 아래 부분에만 화려한 무늬가 들어간다. 특히 결혼식에서 신부의 어머니나 친척들이 입는 격조 높은 기모노로 여겨진다.

> 사과 품종 중 하나인 아오리 사과가 아오모리현에서 재배된 사과다냥.

★★☆

호몬기
ほうもんぎ
(訪問着)

격식을 차려야 하는 공식적인 자리에서 착용하는 여성용 기모노로, 결혼식 하객, 입학식, 다도 모임 등 다양한 행사에 적합하다. 기모노 전체에 무늬가 끊기지 않고 이어지는 디자인이 특징이며, 세미 포멀한 분위기를 연출할 수 있다. 미혼과 기혼 여성 모두 착용할 수 있으며, 오비와 장식에 따라 격식을 조절할 수 있다. 후리소데보다는 단정하지만, 이로무지보다 화려하여 우아한 인상을 준다.

> 규슈는 따뜻한 기후와 화산, 온천이 유명하다냥.

★★☆

이로무지
(色無地)
いろむじ

무늬 없이 단색으로 된 여성용 기모노로, 차분하고 격식 있는 분위기를 연출할 수 있다. 장식적인 요소가 적어 다양한 오비와 조합하여 격식을 조절할 수 있으며, 다도 모임, 졸업식, 결혼식 하객 복장 등 폭넓게 활용된다. 가문(家紋)을 넣으면 더욱 격식을 갖춘 의상이 되며, 포멀부터 세미 포멀까지 다양한 자리에서 착용 가능하다. 화려한 기모노보다 단정하면서도 우아한 멋을 살릴 수 있어 실용성이 높은 전통 의상이다.

'~放題'는 '마음껏 ~함, 하고 싶은 대로 함'이라는 뜻이다냥.

★★☆

기쓰케
(着付け)
きつけ

기모노를 올바르게 입히는 기술 또는 그 과정을 의미하며, 숙련된 기술과 경험이 필요하다. 기모노의 겹치는 방향, 오비 묶는 방법, 주름 정리 등 세심한 조정이 요구된다. 스스로 기모노를 입는 '자가 기쓰케(自装着付け)'와 타인에게 입혀 주는 '타인 기쓰케(他装着付け)'로 나뉜다. 기모노 문화가 현대에도 이어질 수 있도록 기쓰케 교실이나 전문가 과정이 운영되고 있다.

'니혼'이나 '닛폰'이나 다 일본을 뜻한다냥.

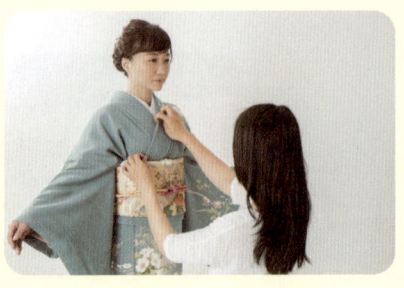

★★☆

조리
(草履)
ぞう り

기모노를 착용할 때 신는 일본 전통 신발로, 납작한 밑창과 끈이 특징이다. 보통 짚, 가죽, 천 등으로 만들어지며, 격식 있는 자리에서는 비단으로 감싼 고급 조리를 신는다. 발뒤꿈치를 살짝 내밀어 신는 것이 전통적인 스타일로 여겨진다. 기모노의 종류와 행사에 따라 다양한 디자인과 소재가 사용되며, 격식에 맞춰 선택된다.

'~放題'는 '마음껏 ~함, 하고 싶은 대로 함'이라는 뜻이다냥.

★★☆

게타
(下駄)
げ た

나무로 만들어진 일본 전통 신발로, 바닥에 이(歯)라고 불리는 두 개의 나무굽이 있어 높이가 있는 것이 특징이다. 주로 유카타나 캐주얼한 기모노와 함께 착용하며, 여름 축제나 마쓰리에서 많이 신는다. 발에 끈을 끼워 신는 형태로, 걸을 때 나는 독특한 '딱딱' 소리가 일본 전통 분위기를 더해 준다. 비가 오는 날 신는 '아마게타'와 같은 변형된 것도 있으며, 지역과 용도에 따라 다양한 디자인이 존재한다.

'니혼'이나 '닛폰'이나 다 일본을 뜻한다냥.

★★☆

다비
(足袋)
たび

기모노를 착용할 때 신는 일본 전통 버선으로, 엄지발가락과 나머지 발가락이 분리된 형태가 특징이다. 주로 흰색이 일반적이며, 격식을 차리는 자리에서는 반드시 착용해야 한다. 조리와 함께 신어 발을 보호하고, 단정하고 세련된 인상을 준다. 현대에는 색상과 디자인이 다양한 다비가 제작되어 패션 아이템으로도 활용된다.

★★☆

헤이안 시대
(平安時代)
へいあん じ だい

794년부터 1185년까지 약 400년간 이어졌으며 교토에 수도를 둔 시기이다. 귀족 문화가 융성하여 고유한 예술, 문학, 종교가 크게 발전했으며, 화려한 궁중 생활과 의복이 특징적이다. 『겐지모노가타리(源氏物語)』 같은 일본 문학의 걸작들이 탄생했고, 불교와 신도가 공존하며 독자적인 신앙과 미의식이 형성되었다. 일본 고유의 문화가 꽃피운 중요한 시대로 평가받는다.

'뵤도인(平等院)'은 헤이안 시대에 지어진 건물로 유네스코 세계유산으로 지정되어 있다냥.

★★☆
가마쿠라 시대
(鎌倉時代)
かまくら じ だい

무사 정권이 시작된 시기로, 1185년부터 1333년까지 이어졌다. 미나모토노 요리토모가 일본 최초의 막부를 가마쿠라에 설치하면서 무사 계급이 정치 권력을 잡게 되었다. 무사도의 가치가 강조되고, 불교의 한 갈래인 선종이 널리 퍼져 일본 문화와 정신에 큰 영향을 미쳤다. 일본의 봉건 사회가 본격적으로 시작된 중요한 전환점으로 여겨진다.

'가마쿠라 대불'은 가마쿠라 시대를 대표하는 불교 조각으로 일본의 국보로 지정되어 있다냥.

★★☆
무로마치 시대
(室町時代)
むろまち じ だい

1336년부터 1573년까지 이어진 시기로, 아시카가 다카우지(쇼군)가 교토의 무로마치에 막부를 설치하면서 시작되었다. 노와 다도 같은 전통 예술이 발달하고, 선종과 관련된 고유 문화가 성장했다. 후기부터 전국 시대가 시작되어 각지에서 다이묘들이 독립적인 세력을 형성했다. 중세 봉건 사회의 구조와 문화가 자리 잡는 중요한 시기이다.

외관에 금박을 입힌 '킨카쿠지(금각사)'는 무로마치 시대에 지어진 건물로, 유명한 관광 명소다냥.

★★☆

전국 시대
(戦国時代)
せんごく じ だい

15세기 후반부터 16세기 후반까지 지방 다이묘들이 권력을 차지하기 위해 끊임없이 전쟁을 벌였던 혼란기를 말한다. 아시카가 막부의 약화로 중앙 권력이 무너지면서 각 지역의 다이묘들이 독자적인 세력을 구축해 정치적, 군사적 경쟁이 심화되었다. 오다 노부나가, 도요토미 히데요시, 도쿠가와 이에야스와 같은 인물들이 등장해 일본 통일을 위한 기틀을 마련한 시기로도 유명하다. 일본 역사에서 가장 격동의 시기로, 이후 에도 막부 체제 형성에 큰 영향을 끼쳤다.

★★☆

아즈치모모야마 시대
(安土桃山時代)
あづちももやま じ だい

1573년부터 1603년까지로, 오다 노부나가와 도요토미 히데요시가 전국을 통일하기 위해 활약한 시기이다. 성곽 건축이 활발해져 아즈치성과 오사카성 같은 웅장한 성들이 세워졌고, 화려한 문화와 예술이 발달했다. 유럽과의 교류가 활발해지면서 서양 문물이 유입되었고, 기독교가 전파되기도 했다. 근세로의 전환을 이루며 에도 막부 성립의 기반이 마련된 시기이다.

> 아즈치모모야마 시대의 대표적인 성인 나가노현의 '마쓰모토성(松本城)'이다냥.

★★☆

에도 시대
(江戸時代)
えどじだい

1603년부터 1868년까지 이어진 평화로운 시기로, 도쿠가와 이에야스가 에도(현 도쿄)에 막부를 세우며 시작되었다. 사무라이 계층이 지배하는 엄격한 신분 제도가 확립되었고, 쇄국 정책으로 외부와의 교류를 제한하며 독자적인 문화를 발전시켰다. 우키요에, 가부키 등 대중 예술이 번성했고 전통문화가 깊이 뿌리내렸으며 농업과 상업의 발달로 경제가 크게 성장했다. 메이지 유신으로 막을 내렸다.

에도 시대의 정취가 진하게 남아 있는 후쿠시마현의 '오우치주쿠(大内宿)'다냥.

★★☆

메이지 유신
(明治維新)
めいじいしん

19세기 후반, 일본이 근대 국가로 전환하기 위해 단행한 정치, 경제, 사회적 개혁 운동을 뜻한다. 1868년 메이지 일왕이 즉위하면서 막부 체제가 무너지고, 일왕 중심의 중앙 집권적 정부가 세워졌다. 이를 통해 일본은 서구의 과학 기술과 문물을 받아들이고, 군사, 산업, 교육 등을 급속히 근대화하여 강한 근대 국가로 발전할 기반을 마련했다.

메이지 유신의 주역 '사이고 다카모리'의 동상이다냥.

★★☆

메이지 시대
(明治時代)
めい じ じ だい

1868년부터 1912년까지로 메이지 일왕의 재위 기간을 나타낸다. 메이지 시대는 일본이 서구화와 근대화를 이룬 시기로, 메이지 유신을 통해 봉건제를 폐지하고 중앙 집권적 근대 국가 체제를 수립했다. 이 시기에 산업화, 교육 개혁, 군사 강화 등이 이루어져 일본이 강국으로 성장하는 기틀을 마련했다.

메이지 일왕 부부를 기리기 위해 지어진 '메이지 신궁(明治神宮)'이다냥.

★★☆

다이쇼 시대
(大正時代)
たいしょう じ だい

1912년부터 1926년까지로 다이쇼 일왕의 재위 기간이다. 다이쇼 시대는 메이지 시대의 급격한 개혁 이후 비교적 안정적이고 자유로운 분위기 속에서 일본의 민주주의와 시민 사회가 성장한 시기로 평가된다. 이 시기에 '다이쇼 데모크라시'라 불리는 민주주의 운동과 함께 정치, 사회의 다양한 변화가 일어났으며, 간토 대지진이 발생한 시기이다.

★★☆

쇼와 시대
(昭和時代)
しょうわ じだい

1926년부터 1989년까지로 쇼와 일왕의 재위 기간이다. 쇼와 시대에 일본은 격동의 시기를 보냈으며, 제2차 세계대전과 전후의 재건, 경제 성장기를 포함한다. 특히 전쟁 후 경제 기적이라 불릴 만큼 빠른 성장을 이루어 일본이 세계적인 경제 강국으로 발돋움한 시기이다.

쇼와 시대는 일본의 레트로라는 이미지가 강해서 그 시대의 감성을 만끽할 수 있는 장소들이 인기라구~냥.

★★☆

헤이세이 시대
(平成時代)
へいせい じだい

1989년부터 2019년까지로 아키히토 일왕의 재위 기간을 의미한다. 헤이세이 시대에 일본은 버블 경제 붕괴 후 긴 불황과 사회적 변화를 겪었으며, 자연재해와 고령화 등의 과제에 직면했다. 한편으로 평화로운 사회를 지향하며 국제적으로도 평화와 협력을 강조하는 외교 정책을 펼쳤다.

★★☆

레이와 시대
(令和時代)
れいわじだい

2019년부터 현재까지로 나루히토 일왕의 재위 기간을 나타낸다. '레이와'라는 이름은 '아름다운 조화'를 뜻하며, 일본의 전통과 현대가 조화를 이루는 사회를 지향한다는 의미를 담고 있다. 레이와 시대의 일본은 고령화와 저출산 등 사회적 과제에 직면하며, 다양한 개혁과 혁신을 통해 이를 해결하려는 노력을 계속하고 있다.

일본의 주거 문화

★★★

와시쓰
(和室)
わ しつ

일본 전통 양식으로 꾸며진 방을 의미하며, 바닥에 다다미라는 전통 돗자리가 깔려 있는 것이 특징이다. 방 내부에는 도코노마나 쇼지(미닫이문)가 설치되어 있으며, 간소하면서 자연을 살린 미적 감각을 중시한다. 주로 생활 공간이나 손님을 맞이하는 방으로 사용하며, 전통 가옥에서 흔히 볼 수 있다. 현대 일본 가정에서도 차분하고 편안한 분위기의 공간으로 사랑받고 있다.

★★★
고타쓰
(こたつ)

열원이 있는 테이블 위에 이불을 덮어 따뜻하게 하는 난방 기구이다. 보통 겨울철에 가정에서 가족들이 둘러앉아 사용하며, 아늑하고 따뜻한 분위기를 만들어 준다. 전통 고타쓰는 숯불을 사용했지만, 현대에는 전기 히터가 내장된 형태가 보편적이다. 일본의 겨울 생활을 상징한다.

★☆☆
유카단보
(ゆか暖房)

일본에서 사용하는 바닥 난방 시스템으로, 바닥 아래에 열을 공급해 실내를 따뜻하게 유지하는 방식이다. 주로 겨울철에 사용하며, 방 전체를 고르게 따뜻하게 할 수 있어 쾌적한 난방 효과를 볼 수 있다. 일본의 주거 환경에 맞춰 설계된 것으로, 고타쓰와 함께 사용하면 더욱 아늑한 공간을 만들 수 있다. 일본 가정에서 인기 있는 난방 방법으로 자리 잡고 있다.

★★★

다다미
たたみ
(畳)

와시쓰의 바닥에 사용하는 왕골을 엮어 만든 두꺼운 돗자리를 말한다. 보온성과 통기성이 좋아 사계절 내내 쾌적하게 사용할 수 있다. 방 안에 자연스러운 향과 분위기를 더하며 차분하고 아늑한 공간을 만들어 준다. 크기가 규격화되어 있어 다다미 장수로 방 크기를 표시하는 경우도 있다. 일본의 전통 가옥에서 중요한 요소로 여겨진다.

★★☆

조
じょう
(畳)

일본에서 방의 크기를 측정할 때 사용하는 기준이다. 다다미 한 장의 면적을 기준으로 하여 방의 넓이를 나타내며, 일반적으로 다다미 한 장은 약 1.62㎡(다다미 크기 기준에 따라 다를 수 있음) 정도이다. 예를 들어, '6조 방'은 다다미 6장이 깔릴 수 있는 크기의 방을 의미한다.

'다다미'와 한자는 같지만 읽는 방법에 따라 뜻이 달라진다냥.

★★★

도코노마
(床の間)
とこ ま

와시쓰에 마련된 장식용 공간으로, 주로 족자, 꽃꽂이, 도자기 등의 예술품을 배치하여 방의 분위기를 격조 있게 만든다. 집주인의 품격과 감각을 나타내는 상징적 공간이며, 손님을 맞이할 때 예의를 표현하는 공간으로도 쓰인다. 일본 전통 가옥에서 미적 감각과 격식을 보여 주는 중요한 요소이다.

★★☆

오시이레
(押し入れ)
お い

일본 전통 가옥에서 볼 수 있는 붙박이장 형태의 수납 공간으로, 보통 다다미방에 설치되어 있다. 이중 구조의 문을 열면 이불이나 요, 다다미 방석 등을 보관할 수 있는 넉넉한 공간이 있으며, 주거 공간을 깔끔하게 유지하는 데 유용하다. 침구류 외에도 다양한 물건을 수납할 수 있도록 설계되어 있다. 일본 주택의 실용적이고 전통적인 수납 방식 중 하나이다.

★★☆

쇼지
(障子)
しょうじ

전통 가옥에서 사용하는 미닫이문으로, 나무 틀에 반투명한 화지를 붙여 만든 것이 특징이다. 자연광을 부드럽게 확산시켜 방 안을 은은하게 밝히며, 사생활 보호와 환기 기능도 제공한다. 주로 방과 방 사이, 혹은 방과 정원 사이에 설치되어 공간을 구분하면서도 개방감을 유지하게 해 준다. 일본 가옥의 미적 감각과 실용성을 동시에 보여 주는 전통적 건축 요소이다.

★★☆

후스마
(襖)
ふすま

전통 가옥에서 사용되는 미닫이문으로, 나무 틀에 두꺼운 종이나 천을 붙여 만든다. 방을 구분하거나 공간을 조절하는 역할을 하며, 표면에는 그림이나 무늬가 장식되기도 한다. 후스마는 필요에 따라 여닫을 수 있어 유연한 실내 구조를 가능하게 한다. 일본 전통 건축의 특징을 반영한 요소로, 다다미방과 함께 조화를 이루며 독특한 분위기를 형성한다.

★☆☆

엔가와
えんがわ
(縁側)

전통 가옥에서 실내와 정원 사이에 위치한 툇마루 공간으로, 나무로 만들어진 좁은 복도 형태이다. 주로 햇빛을 즐기며 차를 마시거나, 휴식을 취하는 공간으로 활용된다. 일본 주택에서 자연과의 조화를 중시하는 건축 요소로, 정원과 연결되어 개방적인 분위기를 조성한다. 현대 주택에서는 보기 어려워졌지만, 전통적인 료칸이나 가정집에는 여전히 남아 있는 경우가 많다.

★☆☆

부쓰단
ぶつだん
(仏壇)

가정에서 조상의 위패를 모시고 제사를 지내는 공간이다. 일반적으로 불상, 촛대, 향로, 공양물 등이 함께 놓이며, 불교 신앙을 가진 가정에서 조상을 기리는 역할을 한다. 일본에서는 매일 향을 피우고 합장하며 조상에게 인사를 올리는 것이 일반적이다. 특히 오본과 같은 명절이나 기일에는 가족들이 모여 부쓰단 앞에서 조상을 추모하는 의식을 한다.

★☆☆

아마도
あまど
(雨戸)

주택에서 창문을 보호하기 위해 설치하는 덧문으로, 비, 강풍, 태풍 등 자연재해로부터 실내를 지키는 역할을 한다. 나무나 금속, 플라스틱 소재로 만들어지며, 필요할 때만 닫을 수 있도록 미닫이 형태로 설치된다. 방음 및 단열 효과도 있어, 겨울철에는 찬 공기를 막고 여름철에는 강한 햇빛을 차단하는 기능을 한다. 현대식 주택에서는 점점 사용이 줄어들고 있지만, 전통적인 가옥이나 지방의 오래된 주택에서는 여전히 흔히 볼 수 있다.

★★☆

정원
にわ
(庭)

자연과 조화를 이루는 미적 요소로 중요한 역할을 한다. 전통적인 일본 정원에는 석등, 연못, 분재 등이 배치되며, 심미성과 명상을 중시한다. 현대 일본 주택에서는 정원이 작아지는 경향이 있지만, 베란다 정원이나 실내 식물을 통해 자연을 가까이하는 문화가 유지되고 있다.

★★★

오후로
ふろ
(お風呂)

일본식 욕조 또는 목욕 문화를 의미하며, 몸을 담가 피로를 푸는 것이 중요한 생활 습관이다. 일반적으로 욕조에 들어가기 전에 샤워를 먼저 한 후 깨끗한 상태로 탕에 들어가는 것이 기본적인 예절이다. 일본 가정에서는 욕조의 물을 가족들이 함께 사용하는 경우가 많아, 마지막 사람이 물을 버리는 것이 일반적이다. 대중목욕탕이나 온천에서도 동일한 목욕 예절이 적용된다.

★★☆

센토
せんとう
(銭湯)

대중목욕탕으로, 가정에 욕실이 없던 시절부터 많은 사람들이 이용하던 시설이다. 입장료를 내고 넓은 욕조에서 목욕할 수 있으며, 남녀별로 탕이 구분되어 있고 샤워 시설도 갖추어져 있다. 목욕 전에 몸을 깨끗이 씻고 들어가는 것이 기본적인 예절이며, 온천과 달리 일반적인 수돗물을 사용하는 경우가 많다. 최근에는 사우나와 노천탕을 갖춘 현대적인 센토도 증가하고 있으며, 지역 주민들의 커뮤니티 공간으로도 활용된다.

★☆☆

유닛 배스
(ユニットバス)

화장실, 세면대, 욕조가 하나의 공간에 통합된 일본식 욕실 구조로, 좁은 공간을 효율적으로 활용할 수 있도록 설계되었다. 주로 원룸이나 비즈니스 호텔에서 흔히 볼 수 있는 형태이다. 방수 처리가 잘되어 있어 물이 튀어도 문제가 없지만, 욕조와 변기가 같은 공간에 있어 불편함을 느끼는 사람도 있다. 최근에는 욕실과 화장실이 분리된 형태가 선호되는 추세이다.

★★★

단독 주택
(一戸建て)
いっこだ

일본의 주택 유형 중 하나로, 한 가족이 독립적으로 거주할 수 있는 집을 가리킨다. 공동 주택이나 아파트와 달리, 마당이나 정원을 갖출 수 있어 공간 활용이 자유롭고 프라이버시를 보장받을 수 있다. 주로 도시 외곽이나 교외에 위치하며, 가족 단위의 거주 형태로 선호된다. 독립된 생활 공간을 원하는 이들에게 인기가 있다.

★★★
아파트
(アパート)

일본의 '아파트'는 저층형 공동 주택을 의미하며, 보통 2층에서 4층 정도의 건물로 구성된다. 철골보다는 목조나 경량 철골 구조로 지어진 경우가 많아 임대료가 비교적 저렴하다. 소규모 주거 공간으로 젊은 층이나 학생, 1인 가구에게 인기가 있다. 일본의 도시와 교외에서 흔히 볼 수 있는 경제적인 주거 형태이다.

★★★
맨션
(マンション)

철근 콘크리트 구조로 지어진 중·고층 공동 주택을 의미한다. 튼튼하고 방음이 잘되며, 엘리베이터와 보안 시스템 등 편의 시설이 잘 갖춰져 있다. 원룸부터 가족 단위가 거주 가능한 넓은 평수까지 다양한 크기가 있으며, 아파트보다 임대료가 높은 편이다. 일본의 도시 지역에서 편안하고 안전한 생활을 원하는 사람들에게 선호되는 주거 형태이다.

★★★
LDK

LDK는 일본의 주거 공간을 설명하는 용어로, 거실(Living room), 식사 공간(Dining room), 부엌(Kitchen)이 결합된 구조를 의미한다. 숫자와 함께 표기해 방의 개수와 공간 구성을 나타내는데, 예를 들어 '2LDK'는 방 두 개와 거실, 식사 공간, 부엌이 있는 집을 뜻한다. 일본에서 집을 구할 때 가족 구성원과 생활 방식에 맞게 주거 공간을 선택할 수 있는 중요한 기준이 된다.

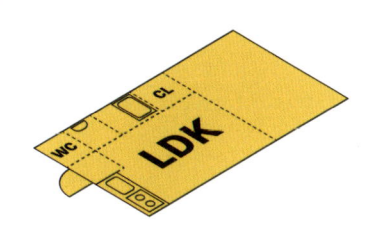

주거 환경과 방문 예절

★★☆

집세
や ちん
(家賃)

임대 주택이나 아파트 등에 지불하는 집세는 보통 월 단위로 청구되며, 주택의 위치, 크기, 시설에 따라 금액이 달라진다. 일본에서는 주택 임대 시 초기 비용으로 보증금, 사례금, 중개 수수료 등이 추가로 발생할 수 있다. 집세는 주거 비용의 주요 요소로, 일본에서 주택을 구할 때 중요한 고려 사항이다.

★★☆

보증금
(敷金)
しききん

집을 임대할 때 지불하는 보증금은 계약 종료 시 파손된 시설의 수리비나 미납 월세가 있으면 이 비용에서 차감된다. 계약이 끝난 후 큰 문제가 없으면 일부 또는 전액이 반환된다. 보증금은 일반적으로 월세의 몇 배에 해당하는 금액으로 설정되며, 지역과 집의 조건에 따라 다르다. 일본의 임대 계약에서 초기 비용으로 꼭 필요한 금액 중 하나이다.

★★☆

사례금
(礼金)
れいきん

집을 임대할 때 집주인에게 감사의 의미로 지불하는 돈으로, 계약 종료 시 돌려받지 못하는 금액이다. 일반적으로 월세의 1~2개월 분에 해당하며, 보증금과 함께 초기 비용의 일부로 부담된다. 원래 집주인에 대한 예의 표시로 시작된 관행으로, 지역이나 주택 조건에 따라 유무와 금액이 달라진다. 일본의 임대 계약에서 흔히 볼 수 있는 독특한 비용 항목이다.

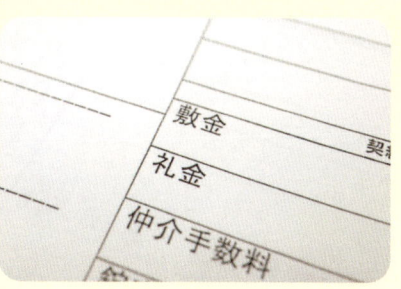

정좌
(正座)
せい ざ

양 무릎을 꿇고 발을 엉덩이 아래에 두며 허리를 곧게 펴고 앉는 방식을 말한다. 주로 와시쓰나 다도, 예절 교육, 전통 행사 등에서 격식을 갖출 때 정좌를 한다. 올바른 자세와 마음가짐을 상징하며, 일본 문화에서 예의와 존중의 표현으로 여겨진다. 장시간 유지하기 어려운 자세지만, 예절 교육에서 중요한 요소로 강조된다.

日本文化

6장

일본인의 일상생활

일본의 교육 및 입시 제도

★☆☆

OC

일본 학교에서 OC는 'Oral Communication'의 약자로, 영어 회화 수업을 의미한다. 이 수업은 학생들의 영어 듣기와 말하기 능력을 향상시키는 데 초점을 맞추며, 주로 원어민 교사가 참여해 실용적인 영어 표현과 대화 연습을 진행한다. OC 수업에서는 프레젠테이션, 롤플레이, 그룹 토론 등 다양한 활동을 통해 의사소통 능력을 키우는 것이 목표이다.

★☆☆

LHR

'Long Home Room'의 약자로, 학급 단위로 진행되는 특별 활동 시간을 의미한다. 담임교사와 학생들이 모여 생활 지도, 상담, 학급 행사 준비 등 다양한 활동을 한다. 학생들의 인성 교육, 사회성 발달, 교우 관계 증진을 위해 활용되며, 학급 내 유대감을 강화하는 데 중요한 역할을 한다.

★☆☆

공민
こうみん
(公民)

정치, 경제, 법 등 사회적 이슈에 대한 기초 지식을 다루는 과목이다. 일본의 정치 체제, 경제 원리, 사회 문제에 대한 이해를 높이고, 시민으로서의 책임과 권리에 대해 배운다. 실생활에 적용할 수 있는 법적 지식과 사회적 이슈에 대한 토론도 포함된다. 학생들이 성숙한 시민으로 성장하도록 돕는 것을 목표로 한다.

★★☆

교복
(制服) せいふく

학교마다 고유한 디자인이 있다. 대표적인 스타일로는 세일러복(여학생용)과 블레이저(남녀 공용)가 있다. 일본에서는 교복이 학생 생활의 중요한 요소로 여겨지며, 졸업 후에도 기념으로 보관하거나 중고 거래되는 경우가 많다. 또한, 일부 학교에서는 여름용과 겨울용 교복이 구분되어 있어 계절에 따라 착용한다.

★★★

동아리 활동
(部活) ぶかつ

학교에서 운영하는 방과 후 활동으로 학생들이 자율적으로 참여한다. 운동부(야구, 축구, 검도 등)와 문화부(음악, 미술, 연극 등)로 나뉘어 있으며, 학교마다 다양한 부서가 운영된다. 동아리 활동은 단순한 취미 활동이 아니라 팀워크, 리더십, 인내심을 기르는 중요한 교육 과정의 일부로 여겨진다. 특히, 운동부에서는 선후배 관계가 엄격하여 강한 규율과 단체 생활을 배우는 기회가 된다.

> 방과 후에 아무런 동아리 활동을 하지 않고 귀가하는 학생들을 '귀가부(帰宅部)'라고도 한다냥.

★★☆

운동부
(運動部)
うんどうぶ

학교에서 운영하는 스포츠 동아리로, 학생들이 방과 후에 체육 활동을 하는 동아리이다. 대표적인 종목으로는 야구부, 축구부, 검도부, 농구부 등이 있으며, 학교마다 다양한 운동부가 운영된다. 운동부에서는 선후배 관계가 엄격하게 유지되며, 체력 훈련과 대회 출전이 중요한 요소이다. 특히, 전국 고등학교 야구 대회 (甲子園)처럼 운동부가 출전하는 대회가 학생들에게 큰 의미를 가지는 경우가 많다.

★★☆

문화부
(文化部)
ぶんかぶ

학교에서 운영하는 예술 및 취미 동아리로, 학생들이 방과 후에 다양한 문화·예술 활동을 하는 동아리이다. 대표적인 동아리로는 미술부, 연극부, 문예부, 만화 연구부, 사진부 등이 있다. 문화부는 운동부와 달리 체력 훈련보다는 창의력 개발과 예술적 활동을 중심으로 운영되는 것이 특징이다. 또한, 학교 축제(文化祭)에서 자신의 작품을 전시하거나 공연을 선보이는 중요한 역할을 한다.

★★☆

소풍
えんそく
(遠足)

초·중·고등학교에서 진행하는 야외 학습 활동으로, 교육적 목적을 가진 견학이나 자연 체험이 포함된다. 일반적으로 역사적 명소, 박물관, 자연공원 등을 방문하며, 학생들은 도시락을 준비하여 점심시간에 야외에서 식사하는 경우가 많다. 단순한 나들이가 아니라, 자연 속에서 학습하고 단체 생활을 경험하는 교육 활동의 일환이다. 또한, 학교마다 소풍의 목적과 방문지가 다르며, 학년별로 다른 장소를 선정하는 것이 일반적이다.

★★☆

체육대회
たいいくさい
(体育祭)

학교에서 매년 개최되는 운동회로, 학생들이 여러 팀으로 나뉘어 다양한 경기를 펼치는 행사이다. 대표적인 종목으로는 릴레이 달리기, 줄다리기, 장애물 경기 등이 있으며, 팀워크와 협동심을 기르는 것이 목적이다. 운동 경기뿐만 아니라 응원단과 퍼레이드도 중요한 요소로, 학교별로 독특한 응원 스타일과 팀 컬러를 갖춘 경우가 많다. 체육대회는 학부모들도 참석하는 경우가 많아, 학교와 지역 사회가 함께하는 행사로 자리 잡고 있다.

★★★

학교 축제
ぶんかさい
(文化祭)

학교에서 매년 개최하는 축제로, 학생들이 준비한 다양한 공연, 전시, 음식 부스 등을 선보이는 행사이다. 각 학급과 동아리가 독창적인 아이디어로 연극, 콘서트, 미술 전시, 카페 등을 운영하며, 방문객들에게 즐길 거리를 제공한다. 학생들이 직접 기획하고 운영하는 것이 특징이며, 팀워크와 창의력을 발휘할 수 있는 중요한 경험의 장이다. 일반적으로 학부모와 외부 손님도 방문 가능하며, 학교마다 개성 넘치는 프로그램을 구성하는 것이 전통으로 자리 잡고 있다.

★★☆

입시
じゅけん
(受験)

학교 입학을 위한 입시(시험을 치르고 학교에 지원하는 과정)를 의미하며, 고등학교 입시와 대학 입시 등이 포함된다. 일본에서는 입시 경쟁이 치열하여, 많은 학생들이 주쿠(학원)나 요비코(재수 학원)에 다니며 입시를 준비한다.

주쿠
(塾)
★★☆

사설 학원으로, 학생들이 방과 후에 다니며 추가 학습을 받는 교육 기관이다. 주로 입시 준비, 보충 수업, 특정 과목 강화를 목적으로 운영된다. 유명한 주쿠로는 요비코(대학 입시 전문 학원)와 비교적 어린 학생을 위한 가정교사식 학습 주쿠가 있다. 일본에서는 학업 경쟁이 치열하기 때문에, 많은 학생들이 학교 수업 외에도 주쿠에 다니며 실력을 쌓고 있다.

요비코
(予備校)
★★☆

대학 입시 전문 학원으로, 재수생이나 대학 진학을 준비하는 학생들이 다니는 교육 기관이다. 대학 입학 공통 테스트 및 대학별 입시 대비를 위한 집중적인 강의와 모의고사가 제공된다. 일본에서는 희망하는 대학에 합격하기 위해 요비코에서 1~2년간 집중적으로 공부하는 재수생이 많은 것이 특징이다.

★★★

대학입학 공통테스트
(大学入学 共通テスト)
だいがくにゅうがく
きょうつう

대학 진학을 위해 실시되는 전국 공통 시험으로, 한국의 수능과 유사하다. 주요 과목으로는 국어, 수학, 영어, 과학, 사회 등이 포함되며, 각 대학은 이 시험 점수를 참고해 입학 여부를 결정한다. 2021년에 이전의 '센터 시험'을 대신하여 도입되었으며, 사고력과 문제 해결 능력을 평가하는 문제 유형이 늘어났다. 학생들은 각 과목 성적을 바탕으로 대학 지원 전략을 세운다.

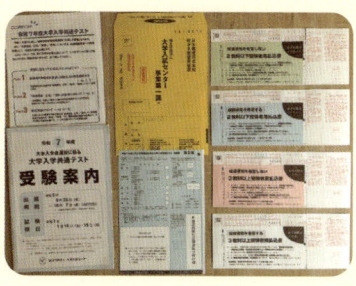

★★☆

에스컬레이터식 진학
(エスカレーター式 進学)
しき
しんがく

일본의 학교 시스템 중 하나로, 같은 계열의 학교(초등학교, 중학교, 고등학교, 대학)를 연결하여 별도의 입시 없이 상급 학교로 진학할 수 있는 방식이다. 주로 사립학교에서 운영되며, 입학 시에만 시험을 치르고 이후 단계에서는 자동으로 진급한다. 학업의 연속성과 안정감을 누리며 학업에 집중할 수 있으나 경쟁이 줄어 학습 동기가 떨어질 수 있다는 단점도 있다.

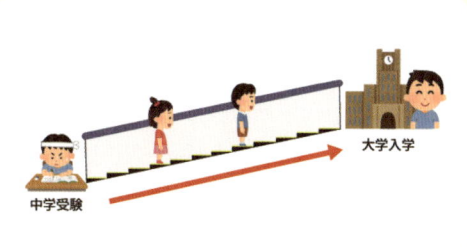

★★☆

중고일관교
ちゅうこういっかんこう
(中高一貫校)

중학교와 고등학교 과정을 통합하여 운영하는 학교 형태로, 중학교 3년과 고등학교 3년을 연계하여 총 6년간의 교육 과정을 제공한다. 중학교 졸업 후 별도의 입학시험 없이 고등학교 과정으로 진학할 수 있어 보다 안정된 환경에서 학업에 집중할 수 있다. 주로 사립학교에서 많이 운영하며, 일관된 교육 철학과 커리큘럼으로 학생들의 전인적 성장을 목표로 한다.

일본의 교통

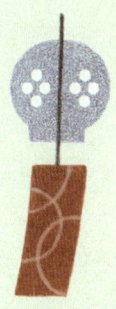

★★★

전철
でんしゃ
(電車)

전기로 운행되는 열차를 가리킨다. 일본의 주요 교통 수단 중 하나로, 도시 내외를 연결하며 통근과 통학 등에 널리 이용된다. 정시 운행과 편리한 배차로 유명하며, JR이나 민영 철도 회사들이 운영하는 다양한 노선이 있다. 전철 안에서 조용히 하기, 음식 먹지 않기 등 예절과 규칙이 발달해 있어, 승객들이 이를 지키며 이용하는 것이 특징이다.

★★★
신칸센
(新幹線)
しんかんせん

일본의 고속철도 시스템으로, 시속 200~300km 이상의 속도로 주요 도시를 빠르게 연결한다. 1964년 도쿄 올림픽을 계기로 처음 개통되었으며, 이후 일본 전역으로 노선이 확장되었다. 정시 운행과 높은 안전성, 쾌적한 서비스로 유명하여 일본 교통의 핵심으로 자리 잡고 있다. 현재도 지속적으로 기술이 발전하고 있으며, 차세대 신칸센은 더욱 빠르고 편리한 교통수단을 목표로 하고 있다.

★★☆
도카이도 신칸센
(東海道新幹線)
とうかいどうしんかんせん

도쿄와 오사카를 연결하는 일본 최초의 고속철도 노선으로 1964년에 개통되었다. 가장 바쁜 신칸센 노선 중 하나로, 시속 285km로 달리며 도쿄와 오사카를 약 2시간 30분 만에 연결한다. 주요 정차역으로는 도쿄, 나고야, 교토, 오사카가 있으며, 경제와 관광의 중심 지역을 연결하여 이용객이 많다. 일본 고속철도의 상징이자 교통 혁신의 시초로 평가받는다.

★★☆

리니아 신칸센
(リニア新幹線)

일본에서 개발 중인 자기부상 고속철도로, 기존 신칸센보다 훨씬 빠른 시속 500km 이상으로 운행될 예정이다. 자기부상 기술을 이용해 공중에 뜬 상태로 달리기 때문에 마찰이 없고 속도가 매우 빠르다. 도쿄와 나고야를 약 40분 만에 연결하게 되며, 일본 교통 시스템에 새로운 혁신을 불러올 것으로 기대된다.

★★★

JR

'Japan Railways'의 약자로, 일본의 철도 운영 회사 그룹을 가리킨다. 1987년 일본국유철도가 민영화되면서 JR 그룹이 탄생했으며, 현재 JR 동일본, JR 도카이, JR 서일본 등 지역별로 여러 회사가 나뉘어 운영되고 있다. 신칸센과 일반 철도 노선을 모두 운영하며, 일본 전역을 연결하는 광범위한 철도 네트워크를 제공한다. 외국인 관광객은 'JR 패스'를 이용하면 JR 노선을 특정 기간 동안 저렴하게 이용할 수 있다.

★★☆

사철
(私鉄) してつ

JR(일본 철도 그룹) 이외의 민간 철도 회사가 운영하는 철도 노선을 의미한다. 대표적인 사철로는 게이세이 전철, 한큐 전철, 도부 철도, 메이테쓰 등이 있으며, 주로 특정 지역 내 교통을 담당한다. JR보다 지역 밀착형 서비스와 다양한 할인 패스가 제공되며, 일부 노선은 관광 열차로도 운행된다. 대도시에서는 지하철과 연계 운행되거나, JR과 경쟁하며 독자적인 특급 열차를 운영하는 경우도 많다.

★★★

지하철
(地下鉄) ちかてつ

도쿄, 오사카, 나고야 등 주요 도시에서 이용된다. 대표적인 지하철 운영사로는 도쿄 메트로, 오사카 메트로, 교토 시영 지하철 등이 있다. JR 및 사철과 환승이 가능하며, 정확한 운행 시간과 빠른 이동 속도로 출퇴근 및 통학 수단으로 널리 이용된다. 일부 노선에서는 여성 전용차나 자동 안내 방송 시스템을 갖추어 편리한 이용 환경을 제공한다.

★★☆

노면전차
(路面電車)
ろ めんでんしゃ

도로 위를 달리는 전차(트램)로, 주로 히로시마, 나가사키, 가고시마, 도야마 등 일본의 일부 도시에서 운영된다. 자동차와 함께 도로를 공유하며, 짧은 이동 거리와 친환경적인 운영 방식으로 지역 주민들에게 중요한 교통수단이다. 한때 전국적으로 운행되었으나, 지하철과 버스의 발전으로 대부분 폐지되었으며, 현재는 관광용이나 지역 교통망으로 일부 도시에서 유지되고 있다. 최근에는 현대식 차량 도입과 전기 에너지 활용으로 친환경적인 교통수단으로 재평가되고 있다.

★★☆

모노레일
(モノレール)

한 줄의 레일 위를 달리는 고가형 철도 시스템으로, 일반 철도보다 도시 내 단거리 이동에 최적화된 교통수단이다. 대표적인 노선으로는 도쿄 모노레일, 오키나와 유이레일, 지바 모노레일 등이 있다. 공항과 도심을 연결하거나, 도심 내 교통 혼잡을 줄이기 위해 도입되었으며, 버스보다 빠르고 지하철보다 건설 비용이 저렴한 장점이 있다. 최근에는 무인 운전 시스템과 친환경 기술을 적용한 신형 모노레일이 도입되고 있다.

★★★
버스
(バス)

버스는 노선버스와 고속버스로 나뉘며, 도시 내에서는 정류장마다 정해진 시간에 정확히 도착하는 정시성과 질서 있는 승차 문화가 특징이다. 승차는 보통 뒷문으로, 하차는 앞문으로 하며, 뒷문으로 탈 때 정리권(整理券)을 뽑고 앞문으로 하차할 때 정리권 번호에 따라 요금을 계산해 현금이나 IC카드(스이카, 파스모 등)로 지불한다. 도쿄와 같은 대도시에서는 '균일 요금제'가 많지만, 지방 도시나 시골에서는 거리 비례 요금제를 사용하는 경우가 많아 요금 체계가 지역마다 다르다.

★★☆
승차권
(乗車券)
じょうしゃけん

일본 철도 및 대중교통에서 기본적인 티켓을 의미하며, 일반적으로 자동 발매기나 창구에서 구매할 수 있다. 기본 운임이 포함된 표로, 특급 열차나 신칸센을 이용할 경우 추가로 특급권이 필요하다. 최근에는 IC 카드(스이카, 파스모 등)와 모바일 티켓이 보편화되어, 승차권 없이 편리하게 교통을 이용할 수 있는 경우가 많아지고 있다.

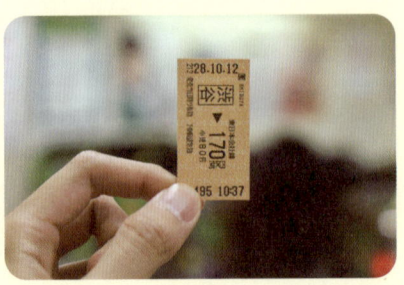

★★☆

정리권
(整理券)
せいりけん

버스나 일부 기차에서 승객이 탑승 시 발급받는 번호표이다. 하차 시 요금 계산을 위해 사용하며, 승차 구간에 따라 요금을 산정하는 방식이다. 탑승할 때 정리권을 받고 하차 시 운임표를 통해 본인의 구간 요금을 확인한 뒤 요금을 지불한다. 주로 지방 버스나 비정기 노선에서 많이 활용된다.

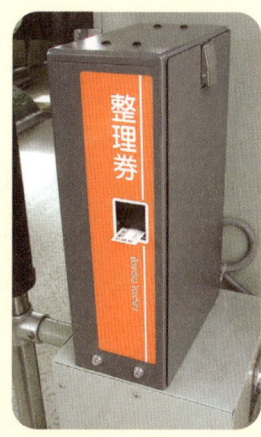

★★★

택시
(タクシー)

일반적으로 서비스가 친절하고 차량이 깨끗한 것이 특징이다. 일본의 택시는 뒷문에 자동문이 장착되어 있어 승객이 직접 문을 열 필요가 없으며, 기본요금이 상대적으로 높은 편이다. 심야에는 심야 할증이 적용되며, 최근에는 택시 호출 앱(GO, Uber 등)을 통한 예약 서비스도 활성화되고 있다.

★★★

자전거
じ てんしゃ
(自転車)

출퇴근, 통학, 쇼핑 등 일상생활에서 중요한 교통수단으로 활용된다. 일본에서는 마마차리(바구니가 달린 생활형 자전거)가 가장 일반적이며, 전기 자전거도 인기가 많다. 자전거 이용 시 자전거 등록제, 헬멧 착용 권장, 야간 라이트 의무화 등 법규를 준수해야 하며, 일부 지역에서는 자전거 보험 가입도 의무화되어 있다.

★★☆

마마차리
(ママチャリ)

일본에서 흔히 볼 수 있는 실용적인 자전거로, '엄마 자전거(ママチャリンコ)'의 약칭이다. 바구니와 짐받이가 달려 있어 장을 보거나 아이를 태우기에 편리하며, 주로 일상생활에서 활용된다. 가격이 저렴하고 튼튼해 학생이나 가정주부들에게 인기가 많다. 실용성과 편리함으로 일본의 대표적인 교통수단 중 하나로 자리 잡고 있다.

★★☆

자전거 주차장
(駐輪場)
ちゅうりんじょう

일본에서는 자전거 무단 주차가 금지되어 있으며, 지정된 자전거 주차장을 이용해야 한다. 일본의 자전거 주차장은 주택가, 기차역, 상업 지역 등 다양한 장소에 설치되어 있으며, 무료인 곳도 있지만 유료 주차장에서는 시간당 혹은 월 정기권 방식으로 요금을 지불하는 경우가 많다.

★☆☆

코인 주차장
(コインパーキング)

일본에서 흔히 볼 수 있는 유료 주차장으로, 시간 단위로 주차 요금을 지불하는 시스템이다. 주차 공간마다 개별 잠금장치가 있어 사용 후 자동으로 잠기며, 주차 요금은 자동 정산기를 통해 현금이나 카드로 결제할 수 있다. 주로 도시 지역에서 공간을 효율적으로 활용하기 위해 운영되며, 단기 주차가 필요한 사람들에게 편리하다. 사용 방식이 간단하고 빨라 대표적인 주차 형태로 자리 잡았다.

일본의 환경

★★☆

타는 쓰레기
(燃やすごみ)

소각이 가능한 가연성 쓰레기를 가리킨다. 음식물 쓰레기, 종이, 나무, 천 등 소각 처리가 가능한 재료로 이루어진 쓰레기가 포함된다. 일본은 쓰레기를 분리배출하는 문화가 발달해 있는데, 태울 수 있는 쓰레기는 정해진 날에 지정된 봉투에 담아 배출한다. 환경을 고려한 분리배출 시스템의 일환으로, 재활용과 폐기물 관리에 중요한 역할을 한다.

'燃えるごみ'라고도 한다냥.

★★☆

타지 않는 쓰레기
(燃やさないごみ)

소각이 불가능한 불연성 쓰레기를 가리킨다. 금속류, 유리, 세라믹, 소형 가전제품 등이 이에 포함되며, 별도로 수거한다. 일본에서는 쓰레기 분리배출 규정에 따라 정해진 날에 지정된 봉투에 담아 쓰레기를 배출해야 한다. 이 시스템은 재활용 촉진과 환경 보호를 위해 중요한 역할을 한다.

'燃えないごみ'라고도 한다냥.

★★★

자원 쓰레기
(資源ごみ)

재활용 가능한 쓰레기를 가리킨다. 주로 종이, 플라스틱, 캔, 유리병 등으로 구성되며, 분리수거 후 재활용 처리를 한다. 일본에서는 환경 보호와 자원 재활용을 위해 자원 쓰레기를 엄격히 분류하여 정해진 날에 배출한다. 이 제도는 자원의 효율적 이용과 폐기물 감소에 기여한다.

★★☆

대형 쓰레기
(粗大ごみ)
そ だい

크기가 커서 일반 쓰레기로 처리할 수 없는 물품을 가리킨다. 주로 가구, 자전거, 가전제품 등 대형 폐기물이 포함되며, 지역별 규정에 따라 별도의 처리 신청과 수수료가 필요하다. 수거는 지정된 날짜에 이루어지며, 재활용 가능한 품목은 따로 분류되기도 한다. 이 제도는 폐기물 관리를 효율적으로 하고 환경을 보호하는 데 기여한다.

★★☆

리사이클
(リサイクル)

일본어로 재활용을 의미하며, 환경 보호를 위해 유리병, 캔, 플라스틱 등을 분리하여 배출하는 것이 필수이다. 일본에서는 지역별로 정해진 분리수거일에 맞춰 리사이클 쓰레기를 배출해야 하며, 일부 제품은 리사이클 마크가 표시된 경우가 많다. 또한, 페트병과 알루미늄 캔은 슈퍼마켓이나 편의점에 설치된 회수함에 직접 반환하는 시스템도 운영된다.

日本文化

7장

일본의 대중문화

대중문화

★★★

만화
まん が
(漫画)

일본의 만화는 장르와 독자층이 다양하며, 독특한 스토리텔링과 그림체로 일본 대중문화에서 중요한 부분을 차지한다. 기본적으로 단행본이나 잡지 형태로 출판되고 애니메이션, 영화 등 다양한 미디어로도 확장된다. 전 세계적으로 인기가 있으며, 일본 만화를 가리키는 말로 'manga'가 그대로 사용되기도 한다.

★★☆

컷 만화
(コマ漫画)

일본 만화에서 각 장면이 'コマ'(프레임)로 나뉘어 구성되는 방식을 의미한다. 일반적으로 세로 읽기가 많으며, 오른쪽에서 왼쪽으로 읽는 것이 특징이다. 각 칸의 크기와 배치는 이야기의 흐름과 감정을 효과적으로 전달하는 중요한 요소로 활용된다. 특히, 일본 만화는 역동적인 연출을 위해 다양한 크기의 프레임을 유기적으로 배치하는 것이 일반적이다.

★★☆

네 컷 만화
(4コマ漫画)

만화 형식 중 하나로, 네 개의 칸(4コマ)으로 구성된 짧고 간결한 스토리의 만화를 말한다. 각 칸은 기승전결 구조를 따르며, 일상적인 주제나 유머, 풍자를 간단하면서도 효과적으로 전달하는 것이 특징이다. 주로 신문이나 잡지의 한 부분으로 게재되었으나, 현재는 독립된 작품으로도 인기를 얻고 있다. 짧은 분량에도 불구하고 강렬한 재미와 메시지를 담아 일본 만화의 중요한 일부로 자리 잡고 있다.

★☆☆

소년 만화
(少年漫画)
しょうねんまんが

주로 청소년 남성을 대상으로 한 만화 장르로, 액션, 모험, 스포츠, 우정, 성장 등이 주요 테마이다. 대표적인 작품으로는 〈드래곤볼〉, 〈원피스〉, 〈나루토〉, 〈귀멸의 칼날〉 등이 있다. 일본에서 가장 인기 있는 만화 장르 중 하나이며, 〈주간 소년 점프〉 같은 잡지를 통해 연재되는 경우가 많다.

★☆☆

소녀 만화
(少女漫画)
しょうじょまんが

주로 청소년 여성을 대상으로 한 만화 장르로, 로맨스, 성장, 우정, 감정 표현이 중심이다. 대표적인 작품으로는 〈세일러문〉, 〈카드캡터 체리(카드캡터 사쿠라)〉, 〈오란고교 호스트부〉 등이 있다. 섬세한 그림체와 눈이 크고 감정 표현이 강조된 캐릭터 디자인이 특징이며, 주간 소녀 만화 잡지에 연재되는 경우가 많다.

★☆☆

청년 만화
(青年漫画)
せいねんまん が

주로 성인 남성을 대상으로 한 만화 장르로, 보다 현실적이고 복잡한 스토리, 심리적 요소, 사회적 주제를 다루는 경우가 많다. 대표적인 작품으로는 〈몬스터〉, 〈고르고 13〉, 〈바람계곡의 나우시카〉, 〈데스노트〉 등이 있다. 주간 또는 월간 청년 만화 잡지에 연재되는 경우가 많으며, 보다 세밀한 작화와 복합적인 인물 관계가 특징이다.

★☆☆

여성 만화
(女性漫画)
じょせいまん が

주로 성인 여성을 대상으로 한 만화 장르로, 현실적인 연애, 직장 생활, 결혼, 인간관계 등을 다루는 것이 특징이다. 대표적인 작품으로는 〈노다메 칸타빌레〉, 〈하니와 클로버〉, 〈파라다이스 키스〉 등이 있다. 청소년 대상의 소녀 만화보다 더 성숙한 감정선과 복잡한 인간관계를 다루며, 여성 독자들의 공감을 얻는 내용이 많은 것이 특징이다.

★★★
코스프레
(コスプレ)

만화, 애니메이션, 게임 등의 캐릭터 의상을 입고 분장하여 역할을 연기하는 문화를 의미한다. 일본에서는 코믹 마켓이나 세계 코스프레 서밋과 같은 행사에서 코스프레가 활발히 이루어지는 것이 특징이다. 단순히 의상을 입는 것을 넘어 소품 제작, 메이크업, 포즈 연출까지 포함하여 캐릭터를 최대한 사실적으로 구현하는 것이 중요하다. 최근에는 전 세계적으로 코스프레 문화가 확산되어, 일본뿐만 아니라 다양한 국가에서 코스프레 이벤트가 개최되고 있다.

★★☆
동인지
(同人誌)
どうじんし

아마추어 작가들이 자비로 출판하는 만화나 소설로, 기존 작품의 2차 창작(패러디) 또는 오리지널 창작물이 포함된다. 일본 최대 동인지 행사인 '코믹 마켓'에서는 수많은 동인지가 판매되며, 만화 팬들 사이에서 중요한 문화로 자리 잡고 있다. 동인지는 상업 출판과 달리 작가의 개성과 창의성을 자유롭게 표현할 수 있으며, 일부 동인지 작가는 나중에 프로 만화가로 데뷔하는 경우도 많다. 최근에는 디지털 플랫폼을 통해 온라인에서도 동인지 유통이 활발해지고 있다.

★★☆

굿즈
(グッズ)

만화, 애니메이션, 게임 등의 캐릭터를 활용한 상품(피규어, 문구, 의류, 액세서리 등)을 의미하며, 팬들에게 인기 있는 컬렉션 아이템이다. 일본에서는 애니메이트, 도라노아나 같은 전문 매장에서 다양한 굿즈를 판매하며, 코믹 마켓이나 이벤트 한정 굿즈도 많이 출시된다. 한정판 굿즈는 높은 가치로 취급되며, 중고 거래 시장에서도 활발히 거래되는 경우가 많다. 최근에는 디지털 굿즈도 인기를 끌고 있으며, 배경화면, 스티커 등 다양한 형태로 제공된다.

★★☆

이세카이
(異世界)

일본 애니메이션과 만화에서 '이세계(다른 세계)'로 전이하거나 소환되어 새로운 삶을 살아가는 이야기를 다루는 장르이다. 대표적인 작품으로 〈소드 아트 온라인〉, 〈전생했더니 슬라임이었던 건에 대하여〉, 〈리제로〉 등이 있다. 이 장르는 게임 세계, 중세 판타지, 마법이 존재하는 공간 등 다양한 배경을 활용하며, 주인공이 특별한 능력을 가지거나 성장하는 과정이 주요 요소이다. 최근에는 '이세계 전생물'이 대중적인 트렌드로 자리 잡아 다양한 파생 장르가 등장하고 있다.

★★☆
오타쿠
(オタク)

특정 분야에 열정적으로 몰입하는 사람을 의미하며, 특히 애니메이션, 만화, 게임 문화에 심취한 팬들을 지칭하는 경우가 많다. 과거에는 사회성이 부족한 마니아를 부정적으로 보는 시각도 있었지만, 현재는 개성을 존중하는 문화 속에서 긍정적인 의미로 변화하고 있다. 일본에서는 애니메이션 오타쿠, 아이돌 오타쿠, 철도 오타쿠 등 다양한 유형이 존재하며, 아키하바라 같은 오타쿠 문화의 중심지가 형성되어 있다. 최근에는 전 세계적으로 오타쿠 문화가 확산되어, 일본 콘텐츠를 즐기는 글로벌 팬층을 가리키는 용어로도 사용된다.

★★☆
귀멸의 칼날
(鬼滅の刃)

고토게 고요하루가 2016년부터 연재한 다크 판타지 만화이다. 주인공 가마도 단지로가 가족을 잃고 여동생 네즈코가 오니(귀신)로 변한 뒤, 그녀를 인간으로 되돌리고 오니와 싸우기 위해 귀살대에 들어가는 이야기를 다룬다. 강렬한 액션, 감동적인 스토리, 아름다운 작화로 전 세계적인 인기를 얻었다. 애니메이션과 영화로 제작되어 큰 흥행을 기록하며 전 세계적으로 유명해졌다.

TANJIRO KAMADO

★★☆

나루토
(ナルト)

기시모토 마사시가 1999년부터 연재한 인기 닌자 액션 만화이다. 주인공 우즈마키 나루토가 '호카게(마을 지도자)'가 되는 꿈을 이루기 위해 동료들과 함께 성장하며 강력한 적들과 맞서 싸우는 이야기를 그린다. 닌자 세계를 배경으로 한 독창적인 설정, 감동적인 스토리, 우정과 노력의 메시지가 특징이다. 전 세계적으로 큰 성공을 거두며 애니메이션, 영화, 게임 등 다양한 미디어로 제작되었다.

★★☆

드래곤볼
(ドラゴンボール)

도리야마 아키라가 1984년부터 연재한 액션 어드벤처 만화이다. 주인공 손오공이 전설의 '드래곤볼'을 모아 소원을 이루기 위해 모험을 시작하여 강력한 적들과의 전투를 통해 성장하는 이야기를 그린다. 독창적인 세계관, 박진감 넘치는 전투 장면, 유쾌한 캐릭터들이 조화를 이루며 전 세계적으로 큰 인기를 얻었다. 애니메이션, 영화, 게임 등 다양한 미디어로 제작되며 글로벌 문화 아이콘으로 자리 잡았다.

★★☆

맛의 달인
(美味しんぼ)
おい

가리야 데쓰와 하나사키 아키라가 만든 요리 만화이다. 주인공 야마오카 시로가 다양한 요리와 식문화를 탐구하며 최고의 요리를 찾는 '궁극의 메뉴'와 '최고의 메뉴' 대결을 중심으로 전개된다. 음식의 조리법뿐 아니라 식재료의 역사와 철학을 깊이 있게 다룬 것이 특징이다. 1983년부터 연재를 시작해 요리 만화의 명작으로 평가받으며, 애니메이션과 드라마로도 제작되었다.

★★☆

명탐정 코난
(名探偵コナン)
めいたんてい

아오야마 고쇼가 1994년부터 연재한 추리 만화이다. 천재 고등학생 탐정 구도 신이치가 독약을 먹고 어린아이의 몸이 되어 '에도가와 코난'으로 활동하며 다양한 사건을 해결하는 이야기를 다룬다. 정교한 추리, 스릴 넘치는 전개, 로맨스와 유머가 적절히 조화를 이룬 것이 특징이다. 전 세계적으로 사랑받으며 애니메이션, 영화, 소설 등 다양한 미디어로 제작되고 있다.

★★☆

블리치
(ブリーチ)

구보 다이토가 2001년부터 연재한 인기 액션 판타지 만화이다. 주인공 구로사키 이치고가 우연히 사신의 힘을 얻으면서 영혼들을 지키고 악령인 호로를 퇴치하는 이야기를 그린다. 독창적인 세계관, 다채로운 캐릭터, 긴장감 넘치는 전투 장면이 특징이다. 전 세계적으로 큰 인기를 얻으며, 애니메이션, 영화, 소설 등 다양한 미디어로 확장되었다.

★★☆

슬램덩크
(スラムダンク)

이노우에 다케히코가 1990년부터 연재한 농구를 소재로 한 스포츠 만화이다. 불량학생인 주인공 사쿠라기 하나미치가 농구에 입문하며 성장하고, 팀원들과 함께 전국 대회를 목표로 도전하는 이야기를 다룬다. 농구의 매력을 생생히 그려낸 명장면들과 감동적인 스토리, 캐릭터 간의 우정과 농구에 대한 열정이 특징이다. 전 세계적으로 큰 인기를 얻으며, 애니메이션과 영화로도 제작되었다.

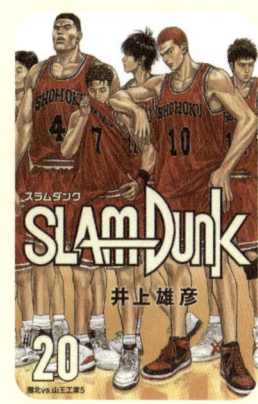

★★☆

여기는 잘나가는 파출소
(こちら葛飾区亀
かつしか く かめ
有公園前派出所)
ありこうえんまえ は しゅつじょ

아키모토 오사무가 그린 장수 코미디 만화이다. 1976년부터 2016년까지 연재되어 단일 작가의 최장기 연재 기록을 가지고 있다. 도쿄의 가메아리 파출소를 배경으로, 주인공 료쓰 간키치(료상)가 벌이는 엉뚱하고 유쾌한 사건들을 그린다. 코믹한 스토리와 사회 풍자를 통해 꾸준히 사랑받으며 애니메이션과 영화로도 제작되었다.

★★☆

원피스
(ワンピース)

오다 에이이치로가 1997년에 연재를 시작한 인기 만화이다. 주인공 몽키 D. 루피가 전설적인 보물 '원피스'를 찾아 해적왕이 되기 위해 동료들과 모험하는 이야기를 다룬다. 우정, 자유, 꿈을 주제로 한 스토리와 개성 넘치는 캐릭터, 흥미진진한 전개가 특징이다. 일본은 물론 전 세계적으로 사랑받으며 장기 연재 기록을 갱신 중이다.

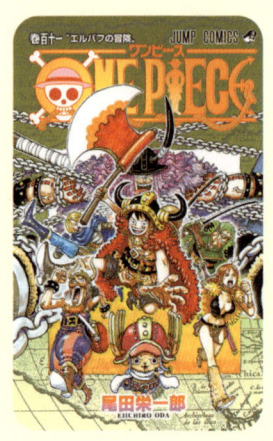

★★☆

진격의 거인
(進擊の巨人)
しんげき きょじん

이사야마 하지메가 만든 인기 만화 및 애니메이션 시리즈이다. 거대한 '거인'들로부터 인간을 보호하기 위해 성벽 안에 사는 인류와 그 비밀을 둘러싼 이야기를 다룬다. 생존, 자유, 인간의 본성을 철학적으로 탐구하며, 강렬한 전투와 충격적인 반전을 특징으로 한다. 전 세계적으로 큰 인기를 끌며 애니메이션, 영화, 게임 등 다양한 미디어로 확장되었다.

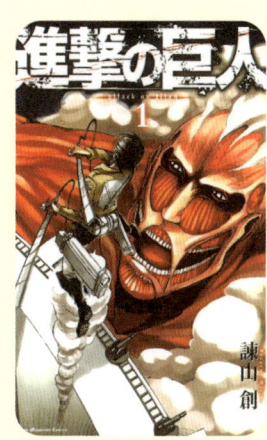

★☆☆

성지 순례
(聖地巡礼)
せい ち じゅんれい

만화, 애니메이션, 게임 등에 배경으로 등장한 실제 장소를 팬들이 방문하는 활동을 의미한다. 작품 속에 등장하는 장소와 현실 세계를 연결하며, 해당 장소를 찾아가 캐릭터의 발자취를 느끼고 작품에 대한 애정을 표현하는 것이다. 일본에는 특정 지역을 배경으로 한 작품 덕분에 관광 명소로 발전한 사례도 많다. 이 활동은 팬들에게 특별한 경험을 제공하며, 지역 경제 활성화에도 기여하고 있다.

★☆☆

쿨 재팬
(クールジャパン)

일본의 문화 콘텐츠와 라이프스타일을 전 세계에 알리고자 하는 일본 정부의 문화 홍보 정책을 말한다. 애니메이션, 만화, 패션, 음식, 전통문화 등 일본 고유의 매력을 강조하여 국가 이미지를 높이고 관광과 수출을 촉진하는 것을 목표로 한다. 2000년대 이후 세계적으로 일본 대중문화의 인기가 높아지면서 이를 활용하기 위해 시작되었다. '소프트 파워'를 통한 문화 외교의 대표적인 사례로 평가받고 있다.

★★★

아니메
(アニメ)

일본 애니메이션을 지칭하는 용어이다. 다양한 장르와 독특한 스타일로 세계적으로 인기를 끌고 있으며 섬세한 작화, 독창적인 스토리, 감성적인 음악으로 유명하다. TV, 영화, 인터넷 등을 통해 방영되며 만화를 원작으로 한 작품도 많다. 대표적인 제작사로 스튜디오 지브리와 도에이 애니메이션이 있으며, 일본 문화를 대표하는 콘텐츠로 자리 잡고 있다.

★★☆

데즈카 오사무
(手塚治虫)
てづかおさむ

만화가이자 애니메이션 제작자로, '일본 만화의 신'으로 불린다. 대표작으로는 〈우주소년 아톰〉, 〈블랙잭〉, 〈정글 대제〉 등이 있으며, 독창적인 스토리텔링과 캐릭터로 현대 만화와 애니메이션의 기초를 세웠다. 시네마틱 연출 기법과 깊이 있는 주제를 도입하며 만화를 대중문화와 예술로 끌어올린 선구자로 평가받는다. 전 세계 만화와 애니메이션 산업에 큰 영향을 끼쳤다.

★★☆

우주소년 아톰
(鉄腕アトム)
てつわん

데즈카 오사무가 창작한 일본의 대표적인 SF 만화로, 1952년부터 연재되었다. 천재 과학자 덴마 박사가 잃어버린 아들을 대신해 만든 로봇 아톰이 다양한 모험과 문제 해결을 통해 인간과 로봇의 공존을 탐구하는 이야기를 다룬다. 인간적인 감정과 정의감을 가진 아톰은 기술과 윤리에 대한 철학적 질문을 던지며 깊은 감동을 준다. 일본 최초의 TV 애니메이션으로 제작되며 세계적으로 큰 인기를 얻은 상징적인 작품이다.

★★☆

미야자키 하야오
(宮崎駿)
みやざきはやお

애니메이션 감독이자 작가로, 스튜디오 지브리의 공동 설립자이다. 대표작으로 〈이웃집 토토로〉, 〈센과 치히로의 행방불명〉, 〈하울의 움직이는 성〉 등이 있으며, 감성적이고 깊이 있는 스토리와 아름다운 애니메이션으로 전 세계적으로 사랑받고 있다. 그의 작품은 자연, 환경, 평화, 인간의 성장 등 보편적 주제를 다루며 독창적인 세계관을 제시한다. 아카데미상을 비롯한 수많은 국제상을 수상하며 애니메이션계의 거장으로 평가받고 있다.

★★☆

센과 치히로의 행방불명
(千と千尋の 神隠し)
せん ち ひろ
かみかく

미야자키 하야오가 감독한 스튜디오 지브리의 애니메이션 영화로, 2001년에 개봉했다. 주인공 치히로가 부모님과 함께 신비로운 세계로 들어가 부모가 돼지로 변하자, 그들을 구하기 위해 목욕탕에서 일하며 성장하는 이야기를 그린다. 일본 전통문화와 현대 사회에 관한 비판적 메시지와 깊이 있는 스토리를 시각적으로 아름답게 표현해 큰 감동을 주었다. 아카데미 최우수 장편 애니메이션상을 수상하며 일본 애니메이션의 위상을 세계적으로 알린 작품이다.

★★☆

원령공주
(もののけ姫)

미야자키 하야오가 감독한 스튜디오 지브리의 애니메이션 영화로, 1997년에 개봉했다. 주인공 아시타카가 자연의 신들과 인간 사이의 갈등을 목격하며 자연과 인간의 공존 가능성을 탐구하는 이야기를 다룬다. 인간의 탐욕과 자연 파괴, 생태계 균형에 대한 철학적 메시지와 강렬한 시각적 표현이 특징이다. 일본 내에서 큰 흥행을 기록했으며, 미야자키 하야오의 걸작 중 하나로 평가받고 있다.

★★☆

하울의 움직이는 성
(ハウルの動く城)

미야자키 하야오가 감독한 스튜디오 지브리의 애니메이션 영화로, 2004년에 개봉했다. 주인공 소피가 저주로 인해 노인이 된 뒤, 마법사 하울과 그의 움직이는 성에 머물며 저주를 풀고 전쟁 속에서 성장하는 이야기를 그린다. 사랑, 용기, 자아 찾기와 같은 주제를 아름다운 시각적 표현과 음악으로 담아냈다. 세계적으로 큰 흥행을 거두며 아카데미 장편 애니메이션상 후보에 오르는 등 높은 평가를 받았다.

★★☆
벼랑 위의 포뇨
(崖の上のポニョ)

미야자키 하야오가 감독한 스튜디오 지브리의 애니메이션 영화로, 2008년에 개봉했다. 물고기 소녀 포뇨가 인간이 되기를 꿈꾸며 소스케라는 소년과 만나 벌어지는 따뜻한 모험과 우정을 그린다. 바다와 자연을 배경으로 한 아름다운 작화와 어린이의 순수함을 담은 스토리가 특징이다. 환경과 생명의 소중함이라는 메시지를 담아 일본은 물론 전 세계에서 사랑받은 가족 영화이다.

★★☆
스튜디오 지브리
(スタジオジブリ)

1985년에 미야자키 하야오와 다카하타 이사오에 의해 설립된 애니메이션 제작사이다. 〈이웃집 토토로〉, 〈센과 치히로의 행방불명〉, 〈하울의 움직이는 성〉 등 세계적으로 사랑받는 애니메이션 작품을 제작했으며, 독창적이고 감성적인 스토리와 뛰어난 작화로 유명하다. 자연, 인간, 평화, 성장 등 보편적인 주제를 깊이 있게 다루며 전 연령층에게 감동을 선사한다. 수많은 국제적 수상 경력을 보유하고 있으며, 일본 애니메이션의 상징적인 존재이다.

★★☆

신카이 마코토
(新海誠)
しんかいまこと

애니메이션 감독이자 작가로, 섬세한 작화와 감성적인 스토리텔링으로 유명하다. 대표작으로는 〈너의 이름은.〉, 〈날씨의 아이〉, 〈초속 5센티미터〉 등이 있으며, 인간관계와 자연의 아름다움을 독창적인 연출로 그려낸다. 특히 배경 작화의 디테일과 시각적 미학이 돋보인다. 전 세계에서 사랑받는 현대 일본 애니메이션의 대표 감독 중 한 명이다.

★★☆

너의 이름은.
(君の名は。)
きみ な

신카이 마코토가 감독한 일본 애니메이션 영화로, 2016년에 개봉했다. 서로 몸이 바뀌는 신비한 현상을 겪게 된 시골 소녀 미쓰하와 도쿄 소년 다키의 운명을 초월한 만남과 사랑을 그린다. 아름다운 배경 작화, 감성적인 스토리, RADWIMPS의 음악이 어우러져 큰 감동을 선사했다. 일본 내에서 기록적인 흥행을 거두었으며 전 세계적으로도 큰 성공을 거둔 작품이다.

★★☆

날씨의 아이
(天気の子)

신카이 마코토가 감독한 일본 애니메이션 영화로, 2019년에 개봉했다. 도쿄로 상경한 소년 호다카와 날씨를 바꿀 수 있는 능력을 가진 소녀 히나가 만나 펼치는 사랑과 선택의 이야기를 그린다. 현대 사회 문제와 자연의 힘을 감성적인 스토리와 뛰어난 작화로 표현하며 큰 호평을 받았다. 일본은 물론 해외에서도 흥행에 성공하며 신카이 마코토 감독의 또 다른 대표작으로 자리 잡았다.

★★☆

스즈메의 문단속
(すずめの戸締まり)

신카이 마코토가 감독한 일본 애니메이션 영화로, 2022년에 개봉했다. 일본 전역에 나타나는 신비한 재난의 문을 닫기 위해 여고생 스즈메와 수수께끼의 청년 소타가 함께 모험을 떠나는 이야기를 그린다. 아름다운 작화와 감성적인 스토리로 성장, 상실, 치유라는 주제를 깊이 있게 다루었다. 국내외에서 높은 평가를 받으며 신카이 마코토 감독의 또 다른 흥행작으로 자리 잡았다.

★★☆

극장판 귀멸의 칼날: 무한열차편
(鬼滅の刃
　きめつ　　やいば
無限列車編)
　むげんれっしゃへん

고토게 고요하루의 만화를 원작으로 한 애니메이션 영화로, 2020년에 개봉했다. 주인공 단지로와 그의 동료들이 무한열차에서 발생하는 사건에 맞서, 강력한 적 오니와 싸우는 이야기를 그린다. 감동적인 스토리와 뛰어난 작화, 박진감 넘치는 전투 장면으로 큰 화제를 모았다. 일본 애니메이션 영화 사상 최고 흥행 기록을 세우며 전 세계적으로 성공을 거둔 작품이다.

★★★

더 퍼스트 슬램덩크
(THE FIRST SLAM DUNK)

이노우에 다케히코의 만화 〈슬램덩크〉를 원작으로 한 애니메이션 영화로, 2022년에 개봉했다. 주인공 미야기 료타를 중심으로 상북고교 농구팀이 강력한 상대인 산왕공고와 맞붙는 이야기를 그린다. 원작의 감동적인 스토리와 함께 새롭게 해석된 캐릭터의 감정선, 세밀한 작화, 역동적인 농구 경기 연출로 관객들의 큰 호응을 받았다. 일본은 물론 한국과 전 세계에서 흥행에 성공하며 원작 팬과 새로운 관객 모두에게 사랑받았다.

★☆☆

원피스 필름 레드
(ワンピース フィルム レッド)

오다 에이이치로의 만화 〈원피스〉를 원작으로 한 애니메이션 영화로, 2022년에 개봉했다. 세계적인 가수 우타가 중심이 되어, 그녀의 음악과 비밀스러운 과거가 얽힌 스토리를 통해 루피와 밀짚모자 해적단의 새로운 모험을 그린다. 음악과 액션이 조화를 이루며 감각적인 연출과 새로운 캐릭터로 큰 호평을 받았다. 일본은 물론 전 세계적으로 흥행에 성공하며 원피스 영화 시리즈 중에서도 특별히 주목받은 작품이다.

★★☆

극장판 주술회전0
(劇場版 呪術廻戦0)
げきじょうばん
じゅじゅつかいせん

아쿠타미 게게의 만화를 원작으로 한 애니메이션 영화로, 2021년에 개봉했다. 주인공 옷코쓰 유타가 강력한 저주를 가진 소녀 리카와 얽힌 과거를 극복하며 주술사로 성장하는 이야기를 중심으로 전개된다. 화려한 액션과 감동적인 캐릭터 서사가 조화를 이루며 원작 팬들과 새로운 관객 모두에게 큰 호응을 받았다. 일본은 물론 해외에서도 흥행에 성공하며 주술회전 시리즈의 인기를 더욱 견고히 한 작품이다.

★★☆

애니메이션 투어리즘
(アニメツーリズム)

애니메이션 팬들이 작품 속에 등장한 실제 장소를 방문하여 여행하는 것을 의미한다. 작품의 배경이 된 지역을 찾아가 캐릭터의 발자취를 느끼고, 현지 문화를 체험하며 애니메이션에 대한 애정을 표현한다. 일본에서는 이를 통해 지역 경제와 관광이 활성화되는 사례가 많아졌다. 팬들에게 특별한 경험을 제공하며, 애니메이션과 관광이 결합된 새로운 문화 소비 형태로 주목받고 있다.

★★☆

게임
(ゲーム)

주로 비디오 게임을 말한다. 일본은 닌텐도, 소니, 세가 등 세계적인 게임 제작사를 보유한 게임 강국으로, 다양한 장르의 게임을 선보여 글로벌 시장에서 큰 영향을 미치고 있다. 전통적인 콘솔 게임뿐 아니라 모바일 게임, 아케이드 게임, PC 게임 등 다양한 플랫폼에서 인기를 얻고 있다. 일본 대중문화의 중요한 요소로 자리 잡으며, 문화와 산업 모두에 큰 기여를 하고 있다.

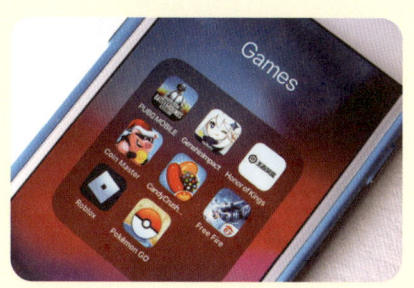

★☆☆

미야모토 시게루
(宮本茂)
みやもとしげる

비디오 게임 디자이너이자 닌텐도의 주요 개발자로, 현대 게임 산업의 선구자 중 한 명이다. 〈슈퍼 마리오〉, 〈젤다의 전설〉, 〈동키콩〉 등 세계적으로 사랑받는 게임 시리즈를 창작하여 게임의 예술성과 대중성을 끌어올렸다. 창의적이고 혁신적인 디자인, 직관적인 플레이 방식을 특징으로 하며, 전 연령층에서 즐길 수 있는 게임 경험을 제공한다. 전 세계적으로 인정받는 비디오 게임 산업의 아이콘이다.

★☆☆

야마우치 히로시
(山内溥)
やまうちひろし

일본 닌텐도의 제3대 사장으로, 현대 비디오 게임 산업의 기반을 구축한 인물이다. 1949년부터 2002년까지 닌텐도를 이끌며, 전통 카드 회사였던 닌텐도를 세계적인 게임 기업으로 성장시켰다. 패밀리 컴퓨터(패미컴), 게임보이 등의 성공적인 하드웨어와 〈슈퍼 마리오〉, 〈젤다의 전설〉 같은 유명 프랜차이즈를 통해 닌텐도의 황금기를 이끌었다. 그의 혁신적인 경영 전략은 닌텐도를 전 세계적으로 사랑받는 브랜드로 만드는 데 기여했다.

★★★

닌텐도
(Nintendo)

1889년에 설립된 일본의 비디오 게임 및 콘솔 제조사로, 게임 산업을 선도하는 세계적인 기업이다. 초기에는 화투와 카드 제조업으로 시작했으나, 1980년대 이후 비디오 게임 시장에 진출하며 큰 성공을 거두었다. 〈슈퍼 마리오〉, 〈젤다의 전설〉, 〈포켓몬스터〉 등 상징적인 게임 프랜차이즈와 패미컴, 닌텐도 스위치 같은 혁신적인 게임기를 선보였다. 가족 중심의 게임 철학과 창의적인 디자인으로 전 세계적으로 사랑받는 브랜드이다.

★★☆

세가
(SEGA)

일본의 비디오 게임 및 아케이드 기기 제조사로, 1960년대에 설립된 세계적인 게임 기업이다. 초기에는 아케이드 게임기로 시작해, 〈소닉 더 헤지혹〉, 〈버추어 파이터〉 등 인기 게임 프랜차이즈를 통해 큰 성공을 거두었다. 한때 메가드라이브, 드림캐스트와 같은 콘솔을 제작했지만 현재는 소프트웨어 개발과 아케이드 사업에 주력하고 있다. 독창적인 게임 디자인과 혁신적인 기술로 게임 산업에 큰 영향을 미쳤다.

★☆☆

소니 인터랙티브 엔터테인먼트
(Sony Interactive Entertainment)

소니의 자회사로, 플레이스테이션(PlayStation) 시리즈를 개발 및 운영하는 세계적인 비디오 게임 기업이다. 1994년 첫 번째 플레이스테이션을 출시하며 게임 콘솔 시장에 혁신을 가져왔고, 이후 PS2, PS3, PS4, PS5 등 성공적인 하드웨어로 세계 게임 시장을 선도하고 있다. 콘솔뿐 아니라 고품질 게임 콘텐츠와 네트워크 서비스로도 유명하다. 2016년에 사명을 '소니 컴퓨터 엔터테인먼트'에서 '소니 인터랙티브 엔터테인먼트(SIE)'로 변경했다.

★☆☆

다이토
(Taito)

일본의 비디오 게임 및 아케이드 기기 제작사로, 1953년에 설립되었다. 〈스페이스 인베이더〉와 같은 전설적인 아케이드 게임을 개발하며 1970~80년대 게임 산업을 선도했다. 아케이드 게임기뿐 아니라 크레인 게임 등 다양한 오락 기기를 제작하며 오락실 문화에 크게 기여했다. 현재는 스퀘어 에닉스의 자회사로, 클래식 게임의 리메이크와 현대적인 게임 개발을 이어가고 있다.

★☆☆

남코
(Namco)

일본의 비디오 게임 및 아케이드 기기 제작사로, 1955년에 설립되어 게임 산업의 초기 발전에 큰 기여를 했다. 〈팩맨〉, 〈철권〉, 〈소울칼리버〉 등 세계적으로 인기 있는 게임 프랜차이즈를 개발했다. 아케이드 게임의 선두주자로 시작해 가정용 콘솔 게임 개발에도 성공적인 진출을 이루었다. 2005년 반다이와 합병하여 반다이 남코 엔터테인먼트로 재탄생했으며, 현재도 글로벌 게임 시장에서 중요한 역할을 하고 있다.

★☆☆

캡콤
(Capcom)

일본의 비디오 게임 개발 및 배급사로, 1979년에 설립된 세계적인 게임 회사이다. 〈스트리트 파이터〉, 〈바이오하자드〉, 〈몬스터 헌터〉, 〈데빌 메이 크라이〉 등 유명 프랜차이즈로 전 세계적으로 큰 인기를 얻고 있다. 특히 뛰어난 게임 플레이와 그래픽, 지속적인 콘텐츠 업데이트로 팬들의 사랑을 받아왔다. 다양한 장르의 게임을 선보이며 현대 게임 산업에서 중요한 위치를 차지하고 있다.

★☆☆
스퀘어 에닉스
(Square Enix)

일본의 비디오 게임 개발 및 배급사로, 2003년 스퀘어(Square)와 에닉스(Enix)의 합병으로 탄생한 글로벌 게임 기업이다. 〈파이널 판타지〉, 〈드래곤 퀘스트〉, 〈킹덤 하츠〉 등 세계적으로 사랑받는 RPG 프랜차이즈를 보유하고 있다. 몰입감 있는 스토리와 혁신적인 그래픽 기술로 유명하며, 다양한 플랫폼에서 게임을 제공하고 있다. 비디오 게임 외에도 애니메이션, 만화, 굿즈 등 여러 미디어로 사업을 확장하며 문화 콘텐츠 기업으로 자리 잡았다.

★☆☆
고나미
(Konami)

일본의 비디오 게임 개발사이자 배급사로, 1969년에 설립된 글로벌 게임 기업이다. 〈메탈 기어〉, 〈위닝 일레븐〉, 〈캐슬바니아〉, 〈유희왕〉 등 유명 게임 프랜차이즈로 잘 알려져 있다. 초기에는 아케이드 게임으로 성공을 거두었고, 이후 콘솔, 모바일, 카드 게임 등 다양한 플랫폼으로 사업을 확장했다. 게임 외에 헬스케어 및 엔터테인먼트 분야에서도 활동하며 다각화된 사업 구조를 갖춘 기업이다.

★☆☆

닛폰전기
(NEC)

주로 전자 및 통신 기술 분야에서 알려져 있지만, 한때 게임 산업에서도 중요한 역할을 했다. 1980~90년대에는 Hudson Soft와 협력하여 가정용 게임기 PC엔진을 출시하며 콘솔 시장에 진출했다. PC엔진은 닌텐도의 슈퍼 패미컴, 세가의 메가 드라이브와 경쟁하며 일본과 북미 시장에서 인기를 끌었고, 일부 게임은 컬트적 인기를 얻었다. 하지만 소니와 닌텐도 등 경쟁사에 밀려 게임기 시장에서 점차 철수하였고, 이후 주로 산업용 시스템과 IT 중심으로 전환하였다.

★☆☆

SNK
(Shin Nihon Kikaku,
しんにほんきかく
新日本企画)

일본의 비디오 게임 개발 및 배급사로, 1978년에 설립되었다. 아케이드와 콘솔 게임으로 유명하며, 〈킹 오브 파이터즈〉, 〈메탈 슬러그〉, 〈사무라이 스피리츠〉 등의 인기 게임 프랜차이즈를 보유하고 있다. 특히 네오지오(Neo Geo) 콘솔과 아케이드 플랫폼으로 게임 산업에 혁신을 가져왔다. 현재도 클래식 게임의 리메이크와 새로운 타이틀을 통해 글로벌 게임 시장에서 활동하고 있다.

★★☆
콘솔 게임
(コンソール
ゲーム)

닌텐도 스위치, 플레이스테이션, 엑스박스(Xbox) 등의 전용 게임 기기(콘솔)를 사용하여 즐기는 게임을 말한다. 일본에서는 닌텐도와 소니가 대표적인 콘솔 게임 회사이며, 〈젤다의 전설〉, 〈파이널 판타지〉, 〈몬스터 헌터〉 같은 인기 타이틀이 출시된다. 온라인 게임과 달리 오프라인에서도 플레이가 가능하며, 패키지 소프트웨어와 다운로드판으로 제공된다. 최근에는 클라우드 게이밍과 VR기술을 접목한 콘솔 게임이 증가하는 추세이다.

★★☆
아케이드 게임
(アーケード
ゲーム)

게임 센터에서 즐길 수 있는 전용 기기로 운영되는 게임으로, 조이스틱과 버튼을 활용한 조작 방식이 특징이다. 대표적인 아케이드 게임으로는 〈철권〉, 〈스트리트 파이터〉, 〈태고의 달인〉, 〈마리오 카트 아케이드〉 등이 있다. 일본에서는 특히 도쿄 아키하바라나 오사카 닛폰바시 같은 전자상가 지역에 대형 게임 센터가 밀집되어 있다. 최근에는 아케이드 게임과 온라인 기능을 결합한 e스포츠형 게임이나 VR 아케이드 게임도 증가하는 추세이다.

★★★
가차
(ガチャ)

일본 게임에서 랜덤 뽑기 시스템을 의미하며, 모바일 게임을 중심으로 캐릭터나 아이템을 획득하는 방식이다. 대표적인 가차 게임으로는 〈페이트/그랜드 오더〉, 〈원신〉, 〈우마무스메〉 등이 있다. 유료 가차는 실제 돈을 사용하여 희귀 캐릭터나 장비를 얻을 수 있는 시스템으로, 확률이 낮은 경우 '가차 지옥'이라는 표현이 사용되는 것이 특징이다. 최근 일본에서는 가차 확률 공개 및 과금 제한 등의 규제가 강화되는 추세이다.

★★☆
모바일 게임
(モバイルゲーム)

스마트폰이나 태블릿을 이용해 플레이하는 게임으로, 언제 어디서나 간편하게 즐길 수 있는 것이 특징이다. 대표적인 일본 모바일 게임으로는 〈퍼즐&드래곤〉, 〈몬스터 스트라이크〉, 〈페이트/그랜드 오더〉, 〈원신〉 등이 있다. 많은 모바일 게임이 가차 시스템을 활용하여 캐릭터나 아이템을 랜덤으로 획득하는 방식을 채택하고 있다. 최근에는 콘솔 및 PC 게임의 모바일 버전 출시와 함께 멀티플레이 및 클라우드 게이밍 기술이 접목된 모바일 게임도 증가하는 추세이다.

★★★

J-POP
(ジェーポップ)

일본 대중음악의 한 장르로, 1990년대부터 현대 일본 음악 문화를 대표하는 용어로 자리 잡았다. 다양한 스타일과 장르를 아우르며, 아이돌 그룹, 록 밴드, 솔로 아티스트 등이 활발히 활동한다. 세계적으로 유명한 아티스트로는 아라시, 우타다 히카루, 요네즈 켄시 등이 있으며, 애니메이션과 드라마 OST로도 많이 사용된다. 일본 문화의 중요한 부분으로, 아시아를 넘어 글로벌 음악 시장에서도 꾸준한 영향을 미치고 있다.

★★☆

홍백가합전
(紅白歌合戦)
こうはくうたがっせん

NHK에서 매년 12월 31일 밤에 방송하는 연말 음악 프로그램으로, 일본에서 가장 권위 있는 음악 이벤트 중 하나이다. 백팀과 홍팀으로 나뉘어 일본 대중음악을 대표하는 아티스트들이 경연을 펼친다. 대중 투표와 심사위원 평가로 승패가 결정되며, 전통 음악부터 최신 J-POP까지 다양한 장르를 선보인다. 1951년 첫 방송 이후 일본의 연말을 상징하는 행사로 자리 잡았다.

★★★

가라오케
(カラオケ)

일본에서 시작된 대중오락 문화로, 기기를 통해 반주 음악을 틀고 노래를 부르는 것이다. 1970년대 초반 일본에서 발명된 이후 전 세계로 퍼졌으며, 한국에서도 '노래방'이라는 형태로 대중화되었다. 일본에서는 친구, 가족, 동료들과 함께 즐기는 대표적인 여가 활동으로 자리 잡았으며, 개인실 형태의 가라오케 박스가 특히 인기 있다. 음악을 통해 스트레스를 해소하고 소통을 즐기는 문화로, 현대 여가 생활의 중요한 요소 중 하나이다.

★★☆

엔카
えん か
(演歌)

전통적인 대중음악 장르로, 감성적인 멜로디와 깊은 감정을 담은 가사가 특징이다. 엔카는 주로 사랑, 이별, 인생의 애환을 노래하며, 특유의 창법(비브라토와 끌어 올리는 음)이 중요한 요소이다. 연말 NHK '홍백가합전'에서도 자주 등장한다. 현재는 고령층에서 인기가 많지만, 젊은 세대에게도 엔카 스타일을 현대적으로 변형한 신(新) 엔카가 주목받고 있는 것이 특징이다.

★☆☆

오리콘 차트
(オリコン
チャート)

일본에서 가장 권위 있는 음반 판매량 및 인기 순위를 집계하는 음악 차트로, J-POP의 인기를 측정하는 주요 기준 중 하나이다. CD 판매량, 디지털 다운로드, 스트리밍 등을 바탕으로 '오리콘 싱글 차트', '오리콘 앨범 차트' 등 다양한 순위가 발표된다. 1968년부터 운영되었으며, K-POP을 포함한 해외 음악도 집계 대상이 되는 등 일본 음악 산업에서 중요한 역할을 담당하고 있다. 최근에는 스트리밍 서비스와 연계한 '오리콘 디지털 차트'도 운영되며, 음악 소비 방식의 변화를 반영하고 있는 것이 특징이다.

★★☆

아이돌
(アイドル)

J-POP에서 노래, 춤, 예능 활동을 병행하는 연예인을 의미하며, 일본 대중문화에서 중요한 역할을 차지한다. 일본 아이돌은 데뷔 후 점진적으로 성장하는 모습을 중시하며, 팬들과의 소통과 관계 형성이 중요한 것이 특징이다. 대표적인 아이돌 그룹으로는 AKB48, 아라시, King&Prince, NiziU 등이 있으며, '아이돌 육성형 시스템'이 일반적이다. 최근에는 K-POP 스타일을 반영한 일본 아이돌 그룹(JO1, BE:FIRST)도 등장하며, 일본 내 아이돌 문화가 다양화되고 있는 것이 특징이다.

일본 문학

★★☆

무라사키 시키부
(紫式部)
むらさきしき ぶ

헤이안 시대의 여성 작가로, 세계 최초의 장편 소설 『겐지모노가타리(源氏物語)』를 쓴 인물이다. 귀족 사회의 삶과 감정을 섬세하게 묘사하며 일본 문학사에서 중요한 위치를 차지한다. 『겐지모노가타리(源氏物語)』는 일본 고전 문학의 정수이며, 세계 문학사에서도 높은 가치를 인정받고 있다.

★★★

겐지모노가타리
(源氏物語)
げんじ ものがたり

무라사키 시키부가 쓴 세계 최초의 장편 소설로, 주인공 히카루 겐지의 사랑과 삶을 중심으로 귀족 사회의 정치, 문화, 감정을 섬세하게 묘사한 일본 고전 문학의 걸작이다. 54장으로 구성된 이 작품은 귀족 사회의 정서와 미학을 잘 보여 주는 동시에 일본 전통과 문화를 이해하는 데 중요한 자료로 여겨진다.

★★☆

단시
(短詩)
たん し

짧은 형식의 시를 의미하며, 간결한 표현으로 깊은 감정과 사상을 담아낸다. 단순한 형식 속에 함축적인 의미와 상징을 담아 독자의 상상력을 자극하는 것이 특징이다. 일본에서는 와카와 하이쿠 같은 전통 시 형태를 포함하며, 한국이나 중국에도 짧은 시 형식이 존재한다. 짧은 길이에도 불구하고 강렬한 여운을 남기며 다양한 문화권에서 사랑받고 있다.

★★★

하이쿠
(俳句)
はいく

일본의 전통 단형시로, 5-7-5의 17음절로 이루어진 짧은 시이며, 자연과 계절을 주제로 한 '계절어(季語)'를 포함해 간결한 표현 속에 깊은 의미를 담는다. 짧은 형식 안에서 여운과 상상력을 불러일으키는 것이 특징으로, 일본 문학과 미학의 상징으로 평가받는다. 대표적인 작가로 마쓰오 바쇼와 고바야시 잇사가 있다.

★★☆

계절어
(季語)
きご

하이쿠에서 계절감을 나타내기 위해 사용하는 단어로, 시 속에서 계절적 배경과 정서를 표현하는 중요한 요소이다. 봄, 여름, 가을, 겨울, 신년의 다섯 계절로 나뉘며, 자연이나 계절적 현상을 상징하는 단어가 주로 사용된다. 이를 통해 간결한 표현 속에서도 계절의 분위기와 감성을 생생히 전달할 수 있다. 일본 전통 문학의 독특한 미학을 보여 주는 핵심 요소이며, 하이쿠 창작에 필수적인 역할을 한다.

春	たんぽぽ・菜の花・雪解・穀雨・椿・蛙・桜 등
夏	飛び込み・卯の花・田植え・五月雨・夕立・くず餅・五月晴れ・涼し・萬緑 등
秋	十五夜・桐一葉・名月・稲刈り・盆踊り・菊・白露・さんま・露・柿・月見 등
冬	雪・霜・炭・大根・師走・木枯らし・枯葉・白菜・寒牡丹・時雨 등
新年	笑初・買初・書初・読始・春着・初春・初日の出・初詣・初夢 등

★★☆

마쓰오 바쇼
(松尾芭蕉)
<small>まつお ばしょう</small>

에도 시대의 대표적인 하이쿠 시인으로, 일본 전통 시 형식인 하이쿠를 예술적 경지로 끌어올린 인물이다. 자연과 인간의 감정을 깊이 있게 표현한 그의 작품은 일본 문학사에서 중요한 위치를 차지한다. 그는 여행을 통해 얻은 경험과 풍경을 바탕으로 철학적이고 심오한 시를 남겼으며, 하이쿠의 미학과 전통을 확립했다. 현재까지도 많은 사람들에게 영향을 끼치고 있다.

★★★

센류
(川柳)
<small>せんりゅう</small>

일본 전통 단형시의 한 종류로, 하이쿠와 같은 5-7-5의 17음절 형식을 따르지만 계절어가 없고 주로 인간사와 풍자를 다룬다. 일상생활에서의 유머나 사회적 풍자, 인간의 감정을 가볍고 재치 있게 표현하는 것이 특징이다. 하이쿠보다 형식적 제약이 적어 창작이 비교적 자유롭고 대중적이다. 이러한 특징 덕분에 친근하고 재미있는 장르로 자리 잡고 있다.

★★☆

단카
(短歌)
たんか

일본의 전통 시 형식으로, 5-7-5-7-7의 31음절로 구성된 짧은 서정시이다. 주로 사랑, 자연, 인간의 감정을 섬세하게 표현하며, 헤이안 시대부터 귀족 문학의 중심 장르로 발전했다. 형식적 규율 속에 감정과 이미지를 함축적으로 담아내는 것이 특징으로, 현대에도 일본 문학의 중요한 요소로 남아 있다. 마사오카 시키 등 근대 시인들에 의해 새로운 감각이 더해져 현재까지 이어지고 있다.

★☆☆

마사오카 시키
(正岡子規)
まさおかしき

메이지 시대에 하이쿠와 단카 개혁을 주도한 시인이자 문학 평론가로, 전통 시 형식에 현대적 감각을 도입한 인물이다. 하이쿠를 단순한 오락이 아닌 진지한 문학 장르로 자리매김하게 했으며, 사실적 묘사와 개인의 감정을 중시하는 새로운 문학적 방향을 제시했다. 병상 생활 중에도 창작을 멈추지 않고 하이쿠와 단카의 현대적 부흥에 큰 영향을 미쳤다. 하이쿠 문학의 근대화를 이끈 선구자로 평가받으며 일본 문학사에서 중요한 위치를 차지한다.

★★☆

와카
わか
(和歌)

단카를 포함한 일본 고유의 전통 시 형식이다. 헤이안 시대부터 귀족들 사이에서 사랑, 자연, 계절을 주제로 한 서정적 표현의 중심이 되었으며, 일본 문학의 기초를 이루었다. 간결한 형식 안에 깊은 감정과 미학을 담아내는 것이 특징이며, 『고킨와카슈(古今和歌集)』와 같은 대표적인 시집을 통해 전통을 이어왔다. 현대에도 일본 문학의 중요한 유산으로 평가받으며 일본 시의 뿌리로 여겨진다.

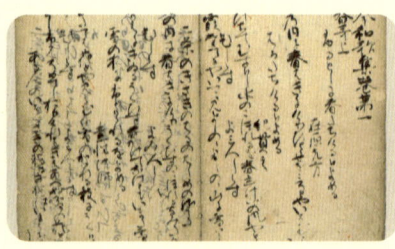

★★☆

은혜 갚은 학
つる おんがえ
(鶴の恩返し)

대표적인 민화로, 인간에게 도움을 받은 학이 보답하기 위해 베틀을 짜는 이야기를 담고 있다. 학은 자신이 학임을 숨기고 인간의 모습으로 살아가며 은혜를 갚으려 하지만, 금기를 어긴 인간이 비밀을 들추면서 결국 헤어지게 된다. 은혜와 보은, 그리고 인간의 호기심과 욕심이 가져오는 결과를 주제로 하며, 일본 전통 설화의 교훈적인 요소를 잘 보여준다. 일본 문화와 문학에서 널리 알려진 이야기로 현재까지도 다양한 예술 작품으로 재해석되고 있다.

★★☆

모모타로
ももたろう
(桃太郎)

전통 설화로, 복숭아에서 태어난 소년이 주인공이다. 모모타로는 노부부의 자식으로 자라나 힘과 용기를 길러 개, 원숭이, 꿩과 함께 악당 오니(도깨비)를 물리치고 마을을 구한다. 정의와 용기를 주제로 한 이 이야기는 일본에서 가장 유명한 동화 중 하나로, 어린이들에게 도덕적 교훈과 모험 정신을 전한다. 현재까지도 다양한 형태로 각색되어 사랑받고 있다.

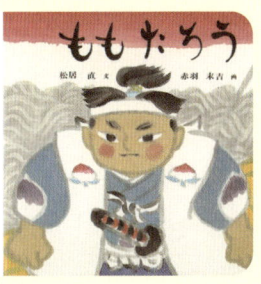

★★☆

다케토리 모노가타리
たけとりものがたり
(竹取物語)

일본에서 가장 오래된 이야기 문학으로, 대나무 장인이 발견한 가구야 공주의 신비로운 삶과 운명을 다룬다. 그녀는 뛰어난 미모로 많은 구혼자들에게 시험을 내어 거절하지만 결국 달나라에서 온 존재임이 밝혀져 고향으로 돌아간다. 이 설화는 인간의 사랑과 욕망, 이별의 정서를 담아 일본 고전 문학의 기초를 이루며, 신비롭고 환상적인 분위기로 독자들에게 깊은 인상을 준다. 일본 문화와 문학에서 상징적인 작품으로 현재까지도 다양한 예술 작품으로 재해석되고 있다.

★☆☆

다니자키 준이치로
<small>たにざきじゅんいちろう</small>
(谷崎潤一郎)

일본의 대표적인 근대 문학 작가로, 인간의 본능, 아름다움, 전통문화에 대한 깊은 탐구를 바탕으로 독창적인 작품 세계를 구축했다. 주요 작품으로는 『문신(刺青)』, 『세설(細雪)』, 『열쇠(鍵)』 등이 있으며, 특히 일본 전통미와 서양 문명이 충돌하는 시대적 배경을 섬세하게 묘사했다. 그의 글은 인간의 욕망과 관계의 복잡성을 탐구하면서도, 일본의 전통적 미학을 조화롭게 표현한 점에서 높은 평가를 받는다. 현대 일본 문학사에서 중요한 위치를 차지하며 지금까지도 많은 독자들에게 사랑받고 있다.

★★★

가와바타 야스나리
<small>かわばたやすなり</small>
(川端康成)

1968년 일본 최초로 노벨 문학상을 수상한 작가로, 섬세하고 서정적인 문체를 통해 일본의 전통미와 인간의 내면을 깊이 있게 탐구한 작품들로 유명하다. 대표작으로는 『설국(雪国)』, 『천 마리 학(千羽鶴)』, 『잠자는 미녀(眠れる美女)』 등이 있으며, 자연과 인간의 감정을 조화롭게 묘사했다. 그의 작품은 일본의 전통과 현대적 감성을 결합해 독창적인 미학을 선보였으며, 일본 문학을 세계적으로 알리는 데 크게 기여했다. 일본 문학사에서 중요한 위치를 차지하며 현재까지도 많은 독자들에게 감동을 주고 있다.

★☆☆

미시마 유키오
(三島由紀夫)
みしまゆきお

일본의 대표적인 작가이자 극작가로, 전통과 현대, 미와 죽음을 주제로 한 강렬한 작품들로 잘 알려져 있다. 대표작으로는 『금각사(金閣寺)』, 『우국(憂國)』, 『풍요의 바다(豊饒の海)』 등이 있으며, 섬세한 문체와 철학적 깊이로 일본 문학의 독창성을 보여 주었다. 일본 전통문화와 무사도 정신에 강한 애착을 가지며, 이를 문학과 삶에 적극적으로 반영했다. 파격적인 생애로도 유명하며, 현대 일본 문학사에서 중요한 위치를 차지하고 있다.

★★★

오에 겐자부로
(大江健三郎)
おおえ けんざぶろう

1994년 노벨 문학상 수상 작가로, 전후 일본 사회와 인간 존재의 고뇌를 깊이 탐구한 작품들로 유명하다. 대표작으로는 『개인적인 체험(個人的な体験)』, 『익사(水死)』, 『만엔 원년의 풋볼(万延元年のフットボール)』 등이 있으며, 특히 인간의 존엄성과 사회적 책임을 문학적으로 탐구했다. 그의 작품은 철학적이고 상징적인 문체로 독창성을 인정받았으며, 일본 현대 문학의 지평을 넓혔다. 세계 문학사에서 중요한 위치를 차지하며, 일본의 현대적 정체성을 이해하는 데 큰 영향을 끼쳤다.

★★☆

나쓰메 소세키
なつめ そうせき
(夏目漱石)

메이지 시대를 대표하는 일본 근대 문학가로, 일본 문학이 서구 문학의 영향을 받아 변화하는 과정에서 중요한 역할을 했다. 대표작으로 『나는 고양이로소이다(吾輩は猫である)』, 『마음(こころ)』, 『도련님(坊っちゃん)』 등이 있으며, 인간 심리와 사회적 갈등을 섬세하게 표현하는 것이 특징이다. 일본 천 엔짜리 지폐의 초상 인물로 사용된 적이 있으며, 현대 일본 문학의 기초를 다진 작가로 평가받고 있다.

★★☆

다자이 오사무
だざいおさむ
(太宰治)

쇼와 시대를 대표하는 일본 문학가로, 전후 일본 사회의 불안과 개인의 내면적 고뇌를 사실적으로 묘사한 작품을 남겼다. 대표작으로 『인간 실격(人間失格)』, 『사양(斜陽)』, 『달려라 메로스(走れメロス)』 등이 있다. 주로 자전적 요소가 강한 문체와 우울한 분위기의 작품을 집필했다. 그의 문학은 실존적 고뇌와 자괴감, 인간 존재에 대한 깊은 성찰을 담고 있으며, 현재까지도 많은 독자들에게 영향을 미치고 있다.

★★☆

무라카미 하루키
(村上春樹)

현대 일본 문학을 대표하는 소설가로, 독특한 서정적 문체와 현실과 비현실이 혼합된 작품 세계가 특징이다. 대표작으로『노르웨이의 숲(ノルウェイの森)』, 『1Q84』,『해변의 카프카(海辺のカフカ)』등이 있으며, 일본뿐만 아니라 해외에서도 큰 인기를 얻고 있다. 재즈, 팝문화, 서구 문학의 영향을 받아 현대적인 감성을 반영한 문학을 창작하며, 노벨 문학상 후보로 자주 거론되고 있다.

★☆☆

기쿠치 간
(菊池寛)

일본의 소설가이자 극작가, 출판인으로 근대 일본 문학과 출판문화 발전에 큰 기여를 했다. 대중문학과 순수문학의 가교 역할을 했으며, 문예춘추사를 설립하고 아쿠타가와상과 나오키상을 창설하여 일본 문학계의 기반을 다졌다. 대표작으로『진주 부인(真珠夫人)』, 『아버지 돌아오다(父帰る)』등이 있으며, 그의 작품은 인간 내면과 사회적 현실을 깊이 탐구한 것으로 평가받는다. 일본 문학과 출판문화에서 독창적이고 선구적인 역할을 한 중요한 인물이다.

★★☆

히가시노 게이고
(東野圭吾)

일본을 대표하는 추리 소설 작가로, 치밀한 스토리 구성과 반전이 돋보이는 작품들이 특징이다. 대표작으로 『용의자 X의 헌신(容疑者Xの献身)』, 『나미야 잡화점의 기적(ナミヤ雑貨店の奇蹟)』, 『비밀(秘密)』 등이 있으며, 많은 작품이 영화와 드라마로 제작되었다. 일본에서 가장 대중적인 추리 소설 작가 중 한 명으로, 추리뿐만 아니라 인간 심리를 깊이 탐구하는 작품을 다수 발표하고 있다.

★★☆

나오키상
(直木賞)

일본의 권위 있는 문학상으로, 대중문학 분야에서 뛰어난 작품을 발표한 작가에게 수여된다. 1935년 설립되어 아쿠타가와상과 함께 일본 문학계를 대표하는 상으로 자리 잡았으며, 소설과 대중적인 문학 작품이 심사 대상이다. 수상작은 문학성과 대중성을 모두 인정받은 작품으로 평가받아, 많은 작가들에게 큰 명예와 도약의 기회를 제공한다. 일본 문학의 대중화와 발전에 크게 기여하며 현재까지도 높은 영향력을 유지하고 있다.

★★☆

아쿠타가와상
あくたがわしょう
(芥川賞)

일본 문학계에서 가장 권위 있는 상 중 하나로, 순수문학 분야에서 뛰어난 신진 작가에게 수여한다. 1935년에 설립되어 나오키상과 함께 일본 문학계를 대표하는 상으로 자리 잡았다. 문학적 깊이와 창의성을 평가받는 작품들이 심사 대상이며 수상 작가들에게 문단 데뷔와 명성을 쌓을 기회를 제공한다. 일본 순수문학의 발전에 크게 기여하며, 독창성과 예술성을 상징하는 중요한 상으로 평가받고 있다.

★☆☆

문예춘추사
ぶんげいしゅんじゅう
(文藝春秋)

일본의 대표적인 출판사로, 1923년에 설립되어 문학, 시사, 역사, 경제 등 다양한 분야의 책과 잡지를 출간하고 있다. 주요 간행물로 일본 문단에서 큰 영향력을 가진 문예지 〈문예춘추〉가 있으며, 권위 있는 문학상인 나오키상과 아쿠타가와상의 운영을 맡고 있다. 대중문학부터 고급 문학까지 폭넓은 작품을 다루며 일본 문화와 문학의 발전에 중요한 역할을 해 왔다. 일본 문학계와 출판계에서 높은 명성을 유지하며 지속적으로 영향력을 발휘하고 있다.

文藝春秋

★☆☆
오루요미모노
(オール読物)
よみもの

문예춘추사가 발행하는 대중 문학 잡지로, 대중소설과 단편소설을 중심으로 다양한 작품을 소개한다. 나오키상 수상작과 같은 대중문학 작품이 발표되는 플랫폼으로 일본 문학계에서 중요한 위치를 차지하고 있다. 작가와 독자를 연결하며 대중문학의 활성화에 기여하고, 폭넓은 독자층에 다양한 장르의 작품을 제공한다. 현재까지도 일본 문학을 대표하는 잡지로서 사랑받고 있다.

★☆☆
일본문학진흥회
(日本文学振興会)
に ほんぶんがくしんこうかい

일본 문학의 발전과 대중화를 목적으로 설립된 단체로, 권위 있는 문학상인 아쿠타가와상과 나오키상을 운영하고 있다. 문학적 재능을 발굴하고 문학 작품을 널리 알리며 일본 문학계의 성장을 지원하는 중요한 역할을 맡고 있다. 문예춘추사와 연계하여 문학 활동을 장려하며, 순수문학과 대중문학의 균형 있는 발전을 도모한다. 일본 문학을 세계에 알리는 데에도 기여하며 문학계에서 중요한 위치를 차지하고 있다.

★★☆

라이트 노벨
(ライトノベル)

대중적인 경량 소설 장르로, 가벼운 문체와 삽화가 포함된 것이 특징이다. 주로 청소년과 젊은 독자를 대상으로 하며, 애니메이션과 만화 스타일이 결합된 서사가 많다. 대표작으로 『소드 아트 온라인』, 『던전에서 만남을 추구하면 안 되는 걸까』, 『리제로』 등이 있으며, 많은 작품이 애니메이션과 게임으로도 제작되었다. 최근에는 이세카이(異世界) 장르와 판타지 요소가 결합된 라이트 노벨이 큰 인기를 끌고 있다.

인기 있는 스포츠

★★☆

일본 스포츠청
(日本
スポーツ庁)

문부과학성 산하 기관으로, 스포츠 진흥과 국민 건강 증진을 목적으로 2015년에 설립되었다. 주요 역할은 스포츠 정책 수립, 국제 스포츠 교류, 학교 체육 활성화, 엘리트 선수 육성 등이며 스포츠를 통해 건강한 사회를 만들고자 한다. 또한 도쿄 올림픽과 같은 대형 스포츠 이벤트 준비와 스포츠 산업 발전을 지원하며 일본 스포츠 문화의 국제적 위상을 높이고 있다.

★★★

축구
(サッカー)

야구와 함께 일본에서 가장 인기 있는 스포츠 중 하나이다. 일본의 프로 축구 리그는 J리그로 운영되며, J1(1부 리그), J2(2부 리그), J3(3부 리그)로 구성되어 있다. 일본 축구 국가대표팀은 '사무라이 블루'라는 별칭으로 불리며, FIFA 월드컵과 AFC 아시안컵에서 활약하고 있다. 또한, 유럽 리그에서 뛰는 일본 선수들이 많으며, 일본 축구는 점점 세계적인 경쟁력을 갖춰 가고 있다.

★★☆

J리그
(Jリーグ)

일본 프로 축구 리그를 가리키는 것으로, 1993년에 창설되어 일본 축구의 발전과 대중화를 이끌었다. 1부 리그(J1), 2부 리그(J2), 3부 리그(J3)로 구성되며, 클럽 간 승강제를 통해 경쟁을 유도한다. 수준 높은 경기와 체계적인 운영으로 일본 축구의 국제적 경쟁력을 높이는 데 기여했다. 또한 지역 사회와 밀접하게 연계된 클럽 운영 방식을 통해 축구 문화를 확산시키고 있다.

★★☆

역전 마라톤
えきでん
(駅伝)

팀의 각 주자가 일정 거리를 나누어 바통 대신 천 띠인 '다스키'를 메고 이어 달리는 형태의 장거리 릴레이 경주로, 팀워크와 인내를 강조한다. 1917년 교토에서 도쿄까지 달리는 첫 대회가 개최된 이후 대표적인 육상 이벤트로 자리 잡았다. 대학생부터 프로 선수까지 다양한 수준에서 대회가 열리는데, 특히 연초마다 열리는 '하코네 역전 마라톤'은 일본 전역에서 큰 관심을 받는 전통적인 스포츠 행사이다. 일본 특유의 스포츠 문화와 지역 사회의 유대를 상징하는 경기로 평가받는다.

★★★

고시엔
こうしえん
(甲子園)

일본의 고등학교 야구 대회를 지칭한다. 매년 봄과 여름에 열리는 일본 최고의 아마추어 야구 대회이다. 1924년 시작된 이 대회는 효고현 니시노미야시에 있는 한신 고시엔 구장에서 개최되며, 전국에서 예선을 통과한 팀들이 참가한다. 일본 야구의 역사와 전통을 상징하며, 많은 프로 야구 선수들을 배출한 등용문으로도 유명하다. 선수들의 열정적인 플레이는 국민적 관심을 끌며 일본 스포츠 문화의 중요한 부분을 이루고 있다.

★★☆

고시엔 구장
こうしえんきゅうじょう
(甲子園球場)

효고현 니시노미야시에 위치한 야구 경기장으로, 1924년에 개장한 일본 최초의 대형 야구장이다. 한신 타이거즈의 홈구장으로 사용되며, 매년 봄과 여름에 열리는 전국 고등학교 야구 대회(고시엔)로도 유명하다. 일본 야구의 역사와 전통을 상징하는 장소로 많은 야구팬들에게 성지와 같은 의미를 가지고 있다. 현대화된 시설을 갖추었지만 고유의 클래식한 분위기를 유지하며 일본 야구 문화의 중심지로 자리매김하고 있다.

★☆☆

마이니치신문
まいにちしんぶん
(毎日新聞)

일본에서 가장 오래된 일간지 중 하나로, 1872년에 창간되어 현재까지 발행되고 있는 전국적인 신문이다. 정치, 경제, 사회, 문화 등 다양한 분야의 뉴스를 다루며 심층적인 보도와 고품질의 저널리즘으로 평가받고 있다. 봄 고시엔(선발 고등학교 야구대회) 주최자로도 유명하다. 일본 언론계에서 중요한 위치를 차지하며 국내외 뉴스 전달과 여론 형성에 큰 영향을 미치고 있다.

★☆☆

아사히신문
あさ ひ しんぶん
(朝日新聞)

일본을 대표하는 일간지 중 하나로, 1879년에 창간되어 정치, 경제, 문화 등 다양한 분야에서 심층적인 보도를 제공하는 전국적인 신문이다. 높은 저널리즘 수준과 진보적인 논조로 잘 알려져 있으며, 일본 사회와 국제 문제에 대한 깊이 있는 분석으로 평가받고 있다. 여름 고시엔(전국고등학교 야구선수권대회) 주최자로, 일본 스포츠와 문화 발전에도 기여하고 있다.

朝日新聞

★★★

야구
や きゅう
(野球)

일본에서 가장 인기 있는 스포츠 중 하나이다. 프로야구는 닛폰 프로 야구(NPB)가 주관하고, 센트럴 리그(セ・リーグ)와 퍼시픽 리그(パ・リーグ)로 나뉜다. 일본 고교 야구도 매우 인기가 많으며, 매년 여름 '고시엔' 대회는 전국적으로 큰 관심을 받는다. 또한, 일본은 월드 베이스볼 클래식(WBC)과 올림픽에서도 강팀으로 평가받으며, 메이저리그(MLB)에서 활약하는 일본 선수들도 많다.

★★☆

도쿄 돔
(東京ドーム)
とうきょう

도쿄에 위치한 일본 최초의 돔형 실내 야구장으로, 1988년에 개장하였으며 요미우리 자이언츠의 홈구장이다. 수용 인원 약 55,000명 규모로, 야구 경기뿐만 아니라 콘서트, 프로레슬링, 전시회 등 다양한 이벤트가 개최되는 복합 시설이다. 돔 내에는 도쿄 돔 시티라는 놀이공원과 호텔, 쇼핑몰이 함께 위치하여 관광 명소로도 유명하다.

★★☆

요미우리 자이언츠
(読売ジャイアンツ)
よみうり

일본 프로야구 센트럴 리그에 속한 가장 역사적이고 인기 있는 구단으로, '거인군'이라는 별칭으로도 불린다. 1934년에 창단되어 일본 프로야구에서 가장 많은 우승 기록을 보유하고 있으며, 라이벌 팀인 한신 타이거즈와의 '한신-요미우리 전'은 큰 화제를 모은다. 홈구장은 도쿄 돔이며, 구단 운영은 일본 유력 미디어 그룹 '요미우리 신문'이 담당하고 있다. 일본 야구 역사에서 가장 영향력 있는 구단 중 하나로, 많은 스타 선수들을 배출하며 프로야구 문화 확립에 중요한 역할을 해 오고 있다.

★★☆

한신 타이거즈
(阪神タイガース)
はんしん

일본 프로야구 센트럴리그에 소속된 팀으로, 1935년에 창단했다. 효고현 니시노미야시에 위치한 고시엔 구장을 홈구장으로 사용하며, 열정적인 팬층과 독특한 응원 문화로 유명하다. 여러 차례 리그 우승을 차지하며 일본 야구의 전통과 역사를 대표하는 팀으로 자리 잡았다. 강력한 라이벌인 요미우리 자이언츠와의 경기는 일본 프로야구에서 가장 큰 관심을 받는다.

★★☆

센트럴리그
(セントラル・
リーグ)

일본 프로야구를 구성하는 두 리그 중 하나로, 1950년에 설립되었다. 요미우리 자이언츠, 한신 타이거즈, 주니치 드래곤즈 등 6개 팀이 소속되어 있다. 지명타자 제도가 없는 전통적인 경기 방식으로, 일본 프로야구 팬들에게 큰 인기를 끌고 있다. 퍼시픽리그와 함께 일본 시리즈 우승을 두고 경쟁하며 일본 야구의 중심적인 역할을 한다.

★★☆

퍼시픽리그
(パシフィック・
リーグ)

일본 프로야구를 구성하는 두 리그 중 하나로, 1950년에 설립되었다. 오릭스 버팔로스, 소프트뱅크 호크스, 라쿠텐 골든이글스 등 6개 팀이 소속되어 있으며, 지명타자 제도를 도입해 공격적인 경기를 펼치는 것이 특징이다. 센트럴리그와 함께 일본 프로야구를 대표하며, 시즌 종료 후 일본 시리즈에서 우승을 두고 경쟁한다. 젊은 선수들의 활약과 새로운 전략으로 일본 야구의 발전을 이끌며 팬들에게 큰 인기를 얻고 있다.

★★★

스모
すもう
(相撲)

두 선수가 '도효'라 불리는 원형 경기장에서 힘과 기술로 상대를 밀어내거나 넘어뜨리는 일본의 전통 스포츠이자 격투기이다. '요코즈나'라는 최고 등급으로 대표되는 선수 제도와 특별한 대회 형식을 통해 실력과 명예를 겨룬다. 신도 의식에서 비롯되었으며 독특한 의상과 의식, 규칙 등 전통문화를 그대로 유지하고 있다. 일본인의 삶과 문화에 깊이 뿌리내린 스포츠로 사랑받고 있으며 일본의 국기(国技)로서 세계적으로도 큰 관심을 받고 있다.

★★☆

요코즈나
よこづな
(橫綱)

스모에서 가장 높은 등급에 있는 선수로, 뛰어난 기술과 품격을 겸비해야만 오를 수 있는 명예로운 자리이다. 스모의 전통과 품위를 상징하는 존재이자 국민적인 존경을 받는 인물로, 경기뿐만 아니라 행실에서도 모범이 되어야 한다. 이 등급은 평생 유지되며, 요코즈나로 승격된 이후에 등급이 강등되지 않지만 성적이 저조할 경우 스스로 은퇴하는 것이 관례이다.

★★☆

리키시
りきし
(力士)

'스모 선수'를 지칭하는 용어이다. 리키시는 체급 구분 없이 싸우며 체격과 기술, 정신력을 통해 상대를 제압한다. 스모 선수로서 엄격한 규율과 전통을 따르며, 경기뿐만 아니라 복장, 행동, 식사까지 전통적인 생활 방식을 유지한다. 일본 전통문화를 대표하는 상징적인 존재로, 특히 요코즈나 같은 최고 등급의 선수는 국민적인 존경을 받는다.

★☆☆

도효
(土俵)
どひょう

스모 경기에 사용되는 지름 약 4.55m의 원형 경기장으로, 흙으로 만든다. 도효의 경계는 볏짚으로 만든 둥근 줄로 표시되며, 선수는 이 경계 밖으로 밀리거나 땅에 신체 일부가 닿으면 패배하게 된다. 도효는 단순한 경기장이 아니라 신도 의식의 일부로 신성시되며 경기가 시작되기 전 소금을 뿌리는 등의 전통 의식을 거친다. 스모의 중심 무대로서 경기뿐만 아니라 일본의 전통과 문화를 상징하는 중요한 장소이다.

★★☆

오즈모
(大相撲)
おおずもう

프로 스모를 지칭하며, 전통 스포츠 스모를 체계화한 경기로 국가적인 사랑을 받는다. 매년 6회의 공식 대회(혼바쇼)가 열리며, 선수들은 요코즈나부터 마쿠시타까지 등급에 따라 경쟁한다. 오즈모는 경기뿐만 아니라 도효 의식, 의상, 전통 등 전반에 걸쳐 일본 고유의 문화와 종교적 요소를 반영한다.

★★☆

혼바쇼
(本場所)
ほんばしょ

일본 전역에서 매년 6회 열리는 오즈모의 주요 공식 대회를 의미한다. 각각 15일 동안 진행되며, 도쿄, 오사카, 나고야, 후쿠오카 등지에서 선수들이 등급과 순위를 놓고 경쟁한다. 전통 의식과 스모 문화가 함께 어우러져 일본 전통 스포츠의 진수를 보여 준다. 스모 팬들에게는 큰 축제로 여겨지며, 일본 문화와 스포츠를 대표하는 중요한 행사이다.

★★☆

국기관
(国技館)
こくぎかん

도쿄 료고쿠에 위치한 스모 경기장으로, 스모의 중심지이자 전통을 상징하는 장소이다. 혼바쇼 6회 중 3회가 이곳에서 개최되며, 스모 팬들에게는 성지와 같은 존재이다. 도효를 중심으로 전통적인 스모 문화를 체험할 수 있는 공간으로, 경기 외에도 전시, 박물관, 의식 등을 통해 스모의 역사와 문화를 전하며 스포츠와 전통문화의 조화를 보여 준다.

★☆☆

반즈케
(番付)
ばんづけ

스모 선수들의 순위를 나타낸 공식 등급표로, 혼바쇼 개최 전에 발표된다. 요코즈나부터 아래 등급까지 모든 리키시가 순위별로 나열되며, 성적에 따라 매 대회 후 순위가 조정된다. 전통적인 서체와 디자인으로 제작된 반즈케는 스모의 역사와 권위를 상징하며, 팬들에게는 중요한 자료로 여겨진다. 스모 선수들의 경쟁 상황을 보여 주는 동시에, 일본 전통 문화를 반영한 독특한 요소이다.

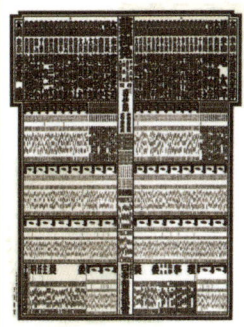

★☆☆

스모베야
(相撲部屋)
すもう べや

스모 선수들이 훈련하고 생활하는 도장(道場)으로, 스모계의 엄격한 계급 사회가 형성된 곳이다. 스승인 오야카타(전직 스모 선수)가 운영하며, 선수들은 공동 생활을 하며 전통적인 훈련 방식과 식습관을 따른다. 스모베야마다 특유의 기술과 스타일이 존재한다. 신입 리키시(스모 선수)들은 도장 생활을 통해 정신력과 체력을 단련하며, 상위 리그로 승격하기 위해 노력한다.

★★☆

마와시
(まわし)

스모 선수들이 착용하는 전통적인 허리띠로, 경기를 할 때 유일하게 허용된 복장이다. 마와시는 견고한 천으로 만들어지며, 선수의 체급과 스타일에 따라 길이와 두께가 달라질 수 있다. 요코즈나 등 상위 계급 선수들은 도효이리(스모 의식)에서 화려한 장식이 있는 게쇼마와시를 착용한다. 마와시는 상대의 균형을 무너뜨리는 주요 기술적 요소로 활용되며, 이를 잡고 던지는 기술이 스모 경기에서 자주 사용된다.

★★☆

잔코나베
(ちゃんこ鍋)

스모 선수들이 즐겨 먹는 전통적인 일본식 냄비 요리로, 다양한 고기, 해산물, 채소를 넣고 끓여 영양가가 높다. 리키시들의 체력과 체중 관리를 위해 만들어지며, 재료나 맛은 스모 베야마다 다르다. 잔코나베는 단순히 음식이 아니라 스모 문화와 생활의 상징으로, 리키시들이 공동체 의식을 나누며 먹는 중요한 식사이다. 현재는 일반인들에게도 인기가 많아, 스모와 일본 요리를 체험할 수 있는 대표적인 음식으로 자리 잡고 있다.

日本文化

7장

일본의 대중문화

8장

일본의 전통문화

전통 예술 및 예능

★★★
서도
(書道)
しょどう

한자와 가나(仮名)를 활용해 글씨를 예술적으로 표현하는 일본의 전통적인 서예이다. 붓과 먹으로 글자의 미학과 정신을 담아낸다. 서도는 단순히 글을 쓰는 것이 아니라 마음가짐과 정신 집중을 중시하며, 전통적으로 수행의 일환으로도 중요하게 여겨졌다. 서예 작품은 종이, 비단 등 다양한 매체에 쓰이며, 일본의 미적 감각과 철학을 반영한다. 오늘날에도 일본 문화의 중요한 요소로서, 예술과 교육 분야에서 널리 이어지고 있다.

★☆☆

쇼샤
しょしゃ
(書写)

일본 전통문화의 한 부분으로, 글씨를 연습하며 정확한 필체와 아름다움을 추구하는 활동이다. 주로 어린이들에게 문자 학습과 집중력 향상을 목적으로 가르치며, 서도와 달리 예술적 표현보다는 실용적이고 학습적인 측면에 초점이 맞춰져 있다. 붓이나 펜을 사용해 정자체를 익히는 것이 일반적이며, 일본어의 정확한 표현과 쓰기 문화를 유지하는 데 중요한 역할을 한다.

★★★

화도
か どう
(華道)

꽃꽂이를 예술 이상의 도(道), 즉 철학적이고 정신적인 수양의 한 형태로 보는 개념이며, 꽃꽂이의 전통과 역사적 맥락, 정신적 가치를 아우르는 포괄적인 용어이다. 단순히 아름다운 꽃꽂이에 그치지 않고, 이를 통해 자연과의 조화, 인간 내면의 수련, 일본 전통 미학을 탐구하는 깊이 있는 예술적 수행을 포함한다.

★★★

이케바나
(生け花)
い　ばな

실질적인 꽃꽂이 기술과 표현에 초점을 맞춘 용어로, '살아 있는 꽃'이라는 뜻을 가지고 있다. 자연의 생명력과 조화를 강조하며, 꽃, 가지, 잎을 활용해 계절감과 심미적 균형을 표현하는 것이 특징이다. 실제 꽃꽂이 작품 제작을 가리키는 경우가 많으며, 화도(華道)의 실천적 부분이라 볼 수 있다.

★★★

다도
(茶道)
さ　どう

차를 준비하고 마시는 과정을 예술과 철학으로 승화시킨 일본 전통문화로, '차를 통한 마음의 수양'을 중시한다. 단순한 음료 제공이 아니라, 정해진 절차와 도구, 공간 배치 등을 통해 일본 특유의 미학과 조화를 표현한다. 손님과의 교감을 중요하게 생각하며, 와비사비라는 일본 전통 미학과 깊이 연결되어 있다. 일본 문화와 철학의 정수를 보여 주는 활동으로, 현재까지도 예술과 수양의 한 형태로 이어지고 있다.

★★☆

말차
(まっちゃ)
(抹茶)

일본 전통 차의 한 종류로, 곱게 간 녹차 가루를 뜨거운 물에 섞어 거품을 내어 마시는 차이다. 다도에서 주로 사용하며, 차 본연의 맛과 향을 즐기면서 정신적 수양과 일본 전통 미학을 체험할 수 있는 중요한 요소이다. 카테킨과 항산화 성분을 함유해 건강에도 좋으며, 현대에는 음료, 디저트, 요리 재료로도 널리 활용된다. 일본의 전통과 현대 문화를 연결하는 상징적인 차로, 세계적으로도 큰 인기를 끌고 있다.

★☆☆

센노리큐
(せんの りきゅう)
(千利休)

일본 다도의 대가로, 와비사비 미학을 다도에 접목해 일본 다도의 근본을 확립한 인물이다. 16세기 아즈치모모야마 시대에 활동하며 간소하고 자연스러운 다실과 도구를 통해 겸손과 조화, 내면의 평화를 중시하는 다도의 철학을 발전시켰다. 그의 가르침은 다도의 정신적 기반이 되었으며, 현대에도 다도 문화와 미학의 중심으로 존경받고 있다. 일본 문화와 예술에 깊은 영향을 끼친 전설적인 다도인으로 평가받는다.

★★★
이치고이치에
いちごいちえ
(一期一会)

일본 다도에서 유래한 철학적 표현으로, '평생에 단 한 번뿐인 만남'이라는 뜻이다. 매 순간과 만남을 소중히 여기며, 지금 이 순간은 다시 오지 않을 특별한 기회라는 가르침을 담고 있다. 이 개념은 다도뿐만 아니라 일상생활에서도 사람과의 관계나 현재의 순간을 존중하는 삶의 자세를 강조한다. 일본 문화와 정신의 중요한 요소로, 겸손과 감사의 마음을 상징한다.

★★★
가부키
かぶき
(歌舞伎)

전통 연극 형식으로, 화려한 무대와 의상, 과장된 동작과 대사를 통해 이야기를 표현하는 독특한 예술 장르이다. 에도 시대에 시작되어, 무사 계층뿐만 아니라 서민들에게도 인기를 끌며 일본 문화의 상징으로 자리 잡았다. 역사극, 세태극, 춤극 등 다양한 장르로 구성되며, 전통 음악과 함께 극적인 연출로 관객에게 깊은 인상을 준다. 유네스코 인류무형문화유산으로 지정되어 중요한 문화유산으로 보존되고 있다.

★★☆

가부키자
(歌舞伎座)
_{かぶきざ}

도쿄 긴자에 위치한 일본 최대이자 가장 유명한 가부키 전용 극장이다. 1889년 개장 이후 여러 차례 개축되었으며, 현재의 건물은 전통미와 현대적인 시설이 조화를 이루도록 설계되었다. 정기적으로 가부키 공연이 열리며, 전통적인 가부키 문화를 체험할 수 있는 주요 명소로 관광객들에게도 인기가 있다. 극장 내에는 가부키 관련 기념품점과 전통 음식점도 운영되며, 일본 전통 공연 예술의 중심지 역할을 하고 있다.

★☆☆

오야마
(女形)
_{おやま}

가부키에서 여성 역할을 연기하는 남성 배우를 지칭한다. 에도 시대에 여성의 가부키 출연이 금지되면서 남성 배우가 여성 캐릭터를 맡기 시작했는데, 그로 인해 독특한 연기와 미학이 발전했다. 오야마 배우들은 섬세한 표현력과 우아한 동작으로 여성의 아름다움과 감정을 전달한다. 가부키의 전통과 예술성을 상징하는 중요한 역할로 평가받고 있다.

★★★

노가쿠
のうがく
(能樂)

전통 가면극으로, 노(能)와 교겐(狂言)이라는 두 가지 공연 형식을 포함한다. 노는 엄숙하고 상징적인 무용과 음악으로 이루어진 드라마이며, 교겐은 유머와 일상적인 소재를 다룬 대화극으로 대조를 이룬다. 14세기에 성립된 노가쿠는 일본의 미학과 철학을 반영하며, 고유의 가면, 의상, 음악을 통해 인간의 감정과 자연을 표현한다. 유네스코 인류무형문화유산으로 지정되었으며, 일본 전통 예술의 정수를 보여 주는 중요한 문화유산이다.

★★★

노
のう
(能)

전통 가면극으로, 춤, 노래, 음악을 통해 인간의 감정과 초자연적인 이야기를 상징적으로 표현하는 공연 예술이다. 14세기 아시카가 시대에 제아미(世阿弥)에 의해 체계화되었으며, 간소한 무대와 가면, 의상을 사용해 독특한 미학을 보여 준다. 주로 인간의 내면세계와 자연의 조화를 다루며 정적이고 심오한 분위기를 특징으로 한다. 일본 전통 예술의 대표적 형태로, 유네스코 인류무형문화유산으로 지정되어 있다.

★★★

교겐
きょうげん
(狂言)

14세기부터 발전해 온 전통 공연 예술로, 노와 함께 노가쿠를 구성하는 요소 중 하나이다. 노의 엄숙하고 상징적인 분위기와 달리, 교겐은 일상적인 주제와 유머를 통해 관객에게 웃음을 주는 대화 중심의 희극이다. 간결한 무대와 의상을 사용하며 인간의 약점과 사회적 풍습을 풍자적으로 그려낸다. 일본 전통 예술의 중요한 부분으로, 유네스코 인류무형문화유산으로 지정되어 있다.

★★★

분라쿠
ぶんらく
(文楽)

전통 인형극으로, 정교한 인형 조종과 샤미센 연주, 내레이션이 결합된 종합 예술이다. 17세기 에도 시대에 발전했으며, 주로 역사극이나 서민의 애환을 다룬 이야기를 무대에서 생동감 있게 표현한다. 세 명의 조종사가 한 인형을 움직이는 고도의 기술과 극적인 내레이션이 특징으로, 일본 전통 예술의 정수를 보여 준다. 유네스코 인류무형문화유산으로 지정되어 있다.

★★☆

닌교조루리
(人形浄瑠璃)
にんぎょうじょうるり

분라쿠의 본래 이름이다. '닌교'는 인형, '조루리'는 전통 음악극을 뜻한다. 분라쿠는 조루리를 공연하던 극장의 이름인 분라쿠자(文楽座)에서 유래해 현재는 닌교조루리의 대명사로 쓰인다.

★☆☆

다유
(太夫)
たゆう

닌교조루리와 분라쿠에서 극의 내레이션과 대사를 담당하는 해설자를 의미한다. 샤미센 연주에 맞춰 인형극의 스토리와 등장인물의 감정을 생생하게 전달하며 극의 분위기를 이끄는 핵심 역할을 한다. 목소리의 억양과 표현력으로 관객을 몰입시키는 고도의 기술이 요구되며, 예술적 완성도를 높이고 감동을 극대화하는 중요한 요소이다.

★★☆

샤미센
(三味線)
しゃみせん

세 개의 현과 긴 목을 가진 일본의 전통 현악기이다. 중국의 삼현에서 유래하여 16세기 일본에서 발전했으며, 일본 음악과 문화를 상징한다. 닌교조루리와 분라쿠, 가부키 등 전통 공연 예술에서 주로 사용하는데 독특한 음색과 리듬으로 극의 분위기를 고조시킨다. 전통 공연뿐만 아니라 현대 음악에서도 활용되며, 일본 전통 악기를 대표한다.

★☆☆

다카라즈카
(宝塚)
たからづか

여성만으로 구성된 극단으로, 1914년에 창단했다. 남성 역할도 여성 배우가 연기하며 노래, 춤, 연기가 결합된 뮤지컬 형태의 작품을 선보인다. 고베 인근 다카라즈카시를 중심으로 활동하며, 화려하고 세련된 무대와 독특한 공연 스타일로 국내외에서 큰 인기를 얻고 있다. 일본 대중문화와 공연 예술의 독창성을 대표한다.

마쓰리

★★★
마쓰리
(祭り)
まつ

일본 전통 축제를 의미하며, 신도나 불교의 종교적 의식에서 유래해 지역 사회의 문화와 신앙을 반영한다. 계절에 따라 다양한 종류가 있으며, 미코시라 불리는 신성한 가마를 운반하거나 춤, 음악, 퍼레이드 등 다채로운 행사를 개최한다. 지역 공동체의 결속을 강화하고, 전통과 현대가 어우러진 일본 문화를 체험할 수 있는 기회이다. 일본 전역에서 열리는 마쓰리는 국내외 관광객에게도 큰 인기를 끌며, 일본 문화를 대표하는 중요한 행사로 자리 잡고 있다.

★★☆

핫피
(はっぴ)

마쓰리나 축제, 전통 행사에서 참가자들이 착용하는 짧은 재킷 형태의 일본 전통 의상이다. 주로 등에 가문의 문양이나 단체의 상징이 새겨져 있으며, 축제 분위기를 돋우는 역할을 한다. 마쓰리 외에도 상점 직원, 행사 스태프, 소방대원 등이 통일된 복장으로 착용하는 경우가 많다. 여름 축제에서는 유카타와 함께 착용되며, 하치마키(머리띠)와 조합하여 축제의 활기를 더한다.

★★★

신도
(神道)
しんとう

일본의 고유 종교로, 자연과 조상 숭배를 기반으로 한 다신교적 신앙 체계이다. 신사에서 신을 모시며, 마쓰리 같은 전통 행사와 깊이 연결되어 있다. 신도에서는 신이 산, 강, 나무 등 자연 속에 존재한다고 믿으며, 일본 문화와 예절에도 큰 영향을 미친다. 불교와 함께 일본인의 정신적 기반을 이룬다.

★★☆

긴교스쿠이
(金魚すくい)
きんぎょ

마쓰리에서 인기 있는 전통 놀이로, 작은 금붕어를 종이로 된 채를 사용해 건지는 게임이다. 채가 물에 젖어 쉽게 찢어지기 때문에 빠른 손놀림과 기술이 필요하며, 잡은 금붕어는 집으로 가져갈 수도 있다. 아이부터 어른까지 모두 즐길 수 있는 놀이로, 일본 여름 축제에서 빠질 수 없는 요소 중 하나이다.

★★☆

요요쓰리
(ヨーヨー釣り)
つ

마쓰리에서 즐기는 전통 놀이로, 물에 떠 있는 고무 풍선을 종이 줄이 달린 낚싯바늘로 건지는 게임이다. 풍선을 잡아올리는 과정에서 종이 줄이 쉽게 끊어질 수 있어 섬세한 기술과 집중력이 필요하다. 잡은 풍선은 물풍선 요요처럼 손가락에 걸어 튕기면서 즐길 수 있어 어린이들에게 특히 인기가 많다. 일본 여름 축제의 대표적인 놀이 중 하나로, 긴교스쿠이와 함께 자주 볼 수 있다.

★★☆

야타이
(屋台)
_{やたい}

전통 노점으로, 주로 축제나 행사에서 볼 수 있는 이동식 음식점을 가리킨다. 꼬치구이, 오코노미야키, 다코야키, 라멘 등 간편한 일본 음식을 판매하며, 지역마다 독특한 메뉴를 팔기도 한다. 단순한 음식 판매를 넘어, 축제의 분위기를 돋우고 지역 주민과 관광객이 어우러질 수 있는 공간을 제공한다. 일본의 전통과 현대적인 음식 문화를 연결하는 중요한 요소로 자리 잡고 있다.

★☆☆

야오요로즈노 카미
(八百万の神)
_{やお よろず かみ}

신도에서 수많은 신들을 지칭하는 표현으로, 문자 그대로는 '팔백만의 신'을 의미한다. 자연의 모든 요소와 현상, 인간의 삶과 관련된 모든 것에 신이 깃들어 있다고 믿으며 산, 바다, 나무, 바위 등 자연물뿐 아니라 조상과 인간의 창조물도 신으로 숭배한다. 신사에서 이를 기리는 다양한 의식과 축제가 열리는데, 이러한 다신교적 세계관은 일본인의 삶과 문화에 깊이 뿌리박혀 있다. 일본 전통 신앙의 핵심을 이루며, 자연과 인간의 조화로운 관계를 강조하는 일본 정신을 상징한다.

> 야오요로즈노 카미는 수없이 많은 신들을 뜻한다냥! 나무, 돌, 바다까지 다 신으로 모시는 일본식 믿음이라구~냥!

★★★
하나비
(花火)
_{はなび}

불꽃놀이를 의미하며, 여름 축제와 함께 일본 문화를 대표하는 전통적인 이벤트이다. 불꽃축제(花火大会)는 전국 각지에서 열리며, 다양한 형태와 색상의 불꽃이 밤하늘을 수놓아 관객들에게 감동을 준다. 단순한 오락을 넘어, 일본의 미학과 계절감, 공동체의 즐거움을 담고 있는 문화적 상징이다. 국내외 관광객들에게도 큰 인기를 끌며, 일본 여름 축제의 하이라이트로 자리 잡고 있다.

★★★
불꽃축제
(花火大会)
_{はなびたいかい}

여름철에 많은 사람들이 모여 즐기는 축제이다. 전국 각지에서 다양한 규모로 개최되며, 수천 발의 불꽃이 밤하늘을 장식하여 화려한 광경을 연출한다. 지역 주민과 관광객이 함께 어우러지며 전통과 현대의 조화를 상징하는 행사이다. 대표적인 여름 이벤트로, 많은 사람들에게 계절감과 일본 문화의 미학을 체험할 수 있는 기회를 제공한다.

★☆☆

아키타현 오마가리 불꽃축제
(秋田県大曲
あき た けんおおまがり
花火大会)
はな び たいかい

아키타현 다이센시에서 매년 8월에 열리는 일본 최고의 불꽃축제이자 대표적인 여름 이벤트이다. 경쟁 형식으로 진행되며, 일본 전역의 불꽃 전문가들이 참가해 예술적이고 독창적인 불꽃을 선보이는 것이 특징이다. 밤하늘을 수놓는 화려한 불꽃과 음악의 조화는 관객들에게 감동을 준다. 전통과 현대 기술이 어우러진 일본 불꽃놀이 문화의 정수를 보여 주는 행사로, 국내외에서 많은 사람들이 방문한다.

★☆☆

이바라키현 쓰치우라 불꽃축제
(茨城県土浦
いばら き けんつちうら
花火大会)
はな び たいかい

매년 10월에 일본 이바라키현 쓰치우라시에서 열리는 불꽃축제이다. 일본 최고의 불꽃 전문가들이 참가해 기술과 창의성을 겨루며, 정교하고 예술적인 불꽃이 밤하늘을 화려하게 장식한다. 특히 음악과 불꽃이 조화를 이루는 연출이 특징으로, 일본 불꽃놀이 문화의 정수를 보여 주는 행사로 평가받는다. 여름뿐만 아니라 가을에도 불꽃놀이를 즐길 수 있는 대표적인 이벤트로, 국내외 관광객들에게 큰 인기를 끌고 있다.

★☆☆

니가타현 나가오카 불꽃축제
(新潟県長岡
にいがたけんながおか
花火大会)
はなびたいかい

니가타현 나가오카시에서 매년 8월 초에 열리는 일본을 대표하는 불꽃축제이다. 제2차 세계대전 중 일어난 나가오카 공습의 희생자를 기리고 복구를 기원하며 시작된 축제로, 화려한 불꽃과 함께 평화와 추모의 메시지를 전한다. 강변을 따라 펼쳐지는 초대형 불꽃과 독창적인 연출은 관객들에게 깊은 감동을 주며, 일본에서도 손꼽히는 대규모 불꽃놀이 행사로 자리 잡았다. 전통과 현대 기술이 어우러진 상징적인 여름 축제로, 매년 수십만 명의 관객이 찾는 인기 이벤트이다.

★★☆

오미코시
(おみこし)

전통 축제에서 신을 모시는 이동식 신사(가마)로, 사람들이 어깨에 메고 행렬을 이루며 마을 곳곳을 이동하는 의식에서 사용한다. 이는 신도의 신을 마을로 초대하거나 축복을 나누는 상징적 행위로, 지역 공동체의 결속을 강화하는 중요한 역할을 한다. 화려한 장식과 힘찬 구호로 축제의 중심이 되며, 특히 참가자들의 에너지 넘치는 모습이 축제 분위기를 고조시킨다. 마쓰리에서 빼놓을 수 없는 요소로, 전통과 신앙을 결합한 상징적인 존재이다.

★★☆

다시
(山車)
だし

화려하게 장식된 수레로, 전통 축제의 상징적인 요소 중 하나이다. 대개 신을 모시거나 신화를 주제로 한 인형과 장식을 올려놓고 지역 주민들이 끌거나 밀며 행렬을 이룬다. 각 지역의 전통과 개성을 반영하며 축제마다 독특한 디자인과 스토리를 가지고 있다. 축제에서 중요한 역할을 하며 전통문화와 공동체의 결속을 상징한다.

★☆☆

히로사키 벚꽃 마쓰리
(弘前桜祭り)
ひろさきさくらまつ

아오모리현 히로사키시에 위치한 히로사키 공원에서 매년 봄에 열리는 벚꽃 축제이다. 약 2,600그루의 벚나무가 공원과 히로사키성을 배경으로 만개해 장관을 이루며, 야간 조명으로 연출되는 벚꽃은 특별한 아름다움을 선사한다. 다양한 먹거리와 전통 공연, 배를 타고 벚꽃 아래를 즐길 수 있는 이벤트가 마련되어 지역 주민과 관광객 모두에게 사랑받는다. 일본의 자연미와 전통문화를 체험할 수 있는 대표적인 봄 행사이다.

★☆☆

가쿠노다테
벚꽃 마쓰리
(角館桜祭り)
かくのだてさくらまつ

아키타현 가쿠노다테에서 매년 봄에 열리는 벚꽃 축제로, 사무라이 거리와 강변을 따라 만개한 벚꽃이 아름다운 풍경을 연출한다. 약 400년 역사의 에도 시대 사무라이 저택과 벚꽃이 어우러져 전통과 자연의 조화를 느낄 수 있으며, 지역 특산품 판매와 전통 공연 등 다양한 이벤트가 함께 진행된다. 일본의 역사와 자연미를 동시에 즐길 수 있는 독특한 축제로 많은 방문객들에게 사랑받고 있다.

★★☆

아오모리
네부타 마쓰리
(青森ねぶた祭り)
あおもり　　　まつ

아오모리현에서 매년 8월 초에 열리는 대규모 여름 축제로, 네부타라는 거대한 등불 수레를 중심으로 펼쳐진다. 네부타는 전설, 역사, 신화 속 인물들을 형상화한 화려한 등불인데, 참가자들이 이를 끌며 춤과 음악을 곁들여 행진한다. 지역 주민과 관광객이 함께 즐기는 참여형 축제로, 일본 전통문화와 활기를 체험할 수 있다.

★☆☆

히라이즈미 후지와라 마쓰리
ひらいずみふじわらまつ
(平泉藤原祭り)

이와테현 히라이즈미에서 열리는 전통 축제로, 후지와라 가문의 번영을 기념하며 역사와 문화를 되새기는 행사이다. 봄과 가을에 개최되며, 중세 일본의 모습을 재현한 의상 행렬, 불교 의식, 전통 공연 등이 펼쳐져 당시의 화려한 문화를 체험할 수 있다. 세계문화유산으로 등록된 히라이즈미의 절과 유적지가 배경이 되어 더욱 독특한 분위기를 자아낸다. 일본 중세사의 아름다움과 정신을 현대에 되살리는 중요한 문화 행사이다.

★☆☆

가와고에 마쓰리
かわごえまつ
(川越祭り)

사이타마현 가와고에시에서 매년 10월에 열리는 전통 축제로, 에도 시대의 문화를 재현하는 화려한 행사이다. 거대한 수레인 다시(山車)가 거리 곳곳을 행진하며, 다시끼리 음악과 춤 대결을 하는 '히키아와세'가 하이라이트를 장식한다. 가와고에는 '작은 에도'라 불릴 만큼 에도 시대의 정취가 남아 있어, 축제와 함께 지역의 역사적 풍경도 즐길 수 있다. 전통과 지역 문화를 체험할 수 있는 대표적인 가을 축제로 사랑받고 있다.

★★★
삿포로 눈 마쓰리
(札幌雪祭り)
さっぽろゆきまつり

홋카이도 삿포로시에서 매년 2월에 열리는 세계적으로 유명한 겨울 축제이다. 오도리 공원, 쓰도무, 스스키노 등에 다양한 테마의 눈과 얼음 작품이 전시되며, 밤에는 조명이 더해져 환상적인 분위기를 자아낸다. 축제 기간 동안 전시물 관람뿐만 아니라 눈 미끄럼틀, 먹거리 축제 등 다양한 체험을 할 수 있다. 겨울 관광의 하이라이트로 매년 수백만 명의 국내외 관람객을 끌어들이는 대표적인 축제이다.

★☆☆
노자와 불 마쓰리
(野沢火祭り)
のざわひまつり

나가노현 노자와 온천에서 매년 1월 15일경에 열리는 전통 불 축제로, 풍년과 가정의 평화를 기원하는 행사이다. 25세와 42세의 남성들이 주축이 되어 신사 모양의 구조물을 지키고, 마을 사람들이 이를 불태우려 하면서 긴장감 넘치는 장면이 연출된다. 불꽃이 활활 타오르며 절정에 이르는 순간은 참가자와 관람객 모두에게 강렬한 인상을 남긴다. 대표적인 겨울 축제로, 전통과 생동감을 동시에 느낄 수 있다.

★★★

도쿄
간다 마쓰리
(東京神田祭)
とうきょうかんだまつり

도쿄의 간다묘진 신사에서 열리는 전통 축제로, 에도 시대부터 이어져 온 도쿄의 대표적인 마쓰리 중 하나이다. 매년 5월에 열리며, 화려하게 장식된 오미코시와 다시가 거리를 행진해 도시 전체가 축제 분위기로 물든다. 지역 수호와 번영을 기원하며 도쿄의 역사와 전통을 기리는 중요한 행사로 평가받는다. 일본의 전통과 현대가 어우러진 축제로, 많은 관광객과 지역 주민들에게 사랑받고 있다.

★★★

오사카
덴진 마쓰리
(大阪天神祭)
おおさかてんじんまつり

오사카에서 매년 7월에 열리는 전통 축제로, 일본 3대 마쓰리 중 하나로 꼽힌다. 오사카 덴만구 신사에서 시작되어, 화려한 오미코시와 선박 행렬인 후나토교가 도심과 강을 장식한다. 밤에는 수천 발의 불꽃놀이가 더해져 축제의 절정을 이루며, 많은 관광객과 지역 주민들이 함께 즐긴다. 전통과 현대적 요소가 결합된 축제로, 오사카의 역사와 문화를 체험할 수 있는 중요한 행사이다.

★★★

교토
기온 마쓰리
(京都祇園祭)
きょうと ぎおんまつり

교토에서 매년 7월에 열리는 일본을 대표하는 전통 축제로 약 1,100년의 역사를 자랑한다. 야마보코라 불리는 거대한 수레가 도시를 행진하며, 화려한 장식과 음악이 어우러져 장관을 이룬다. 전염병 퇴치를 기원하며 시작되었고, 현재는 일본 전통문화와 지역 공동체의 결속을 상징하는 중요한 행사로 자리 잡았다. 유네스코 무형문화유산으로 등록되어 세계적으로 유명하다.

전통 놀이와 행운·기원

★★★
엔기모노
えんぎもの
(縁起物)

행운과 복을 가져다준다고 믿는 물건이나 상징적인 아이템을 의미한다. 대표적인 예로 다루마 인형, 마네키네코, 에마 등이 있으며, 신사나 절에서 구입하거나 선물로 주고받는다. 이 물건들은 가정의 번영, 사업의 성공, 건강 등 다양한 소망을 담고 있으며, 일본 전통문화와 신앙을 반영한다. 일상 속에서 행운과 긍정적인 에너지를 상징하며, 일본인들에게 친숙한 문화 요소이다.

★★☆

겐다마
(けんだま)

나무로 만든 손잡이와 공을 사용해 다양한 기술과 묘기를 즐길 수 있는 전통 놀이 기구이다. 공을 실에 연결해 손잡이의 받침대나 끝부분에 올리는 것이 기본 방식으로, 기술 수준에 따라 다양한 묘기를 선보일 수 있다. 단순한 장난감을 넘어 손의 기술과 집중력을 기르는 도구로도 인식되며 현대에는 스포츠와 퍼포먼스의 형태로도 발전했다.

★★☆

다루마오토시
(だるまおとし)

나무 블록으로 구성된 다루마 모양의 탑을 망치로 쳐서 블록을 하나씩 제거하는 전통 놀이이다. 블록을 쳐내면서 탑이 무너지지 않도록 균형을 유지하는 것이 중요하며, 손놀림의 기술과 집중력이 요구된다. 간단한 규칙과 재미로 어린이와 어른 모두에게 인기가 있다. 놀이를 통해 즐거움을 얻고 손기술과 판단력도 기를 수 있는 일본의 대표적인 장난감 중 하나이다.

★★☆

하네쓰키
(羽根つき)
は ね

주로 여자아이들이 하는 전통적인 신년 놀이이다. 나무로 만든 라켓인 하고이타와 깃털 달린 공인 하네를 사용하여 공을 땅에 떨어뜨리지 않고 서로 주고받는 방식으로 진행한다. 공이 떨어지면 얼굴에 먹으로 점을 찍는 벌칙이 있어 놀이에 재미를 더한다. 새해에 나쁜 기운을 쫓고 건강을 기원하는 전통적인 의미도 담고 있다.

★★☆

하고이타
(羽子板)
は ご いた

전통 신년 놀이인 하네쓰키에 사용되는 나무 라켓으로, 여성의 건강과 행복을 기원하는 의미를 담고 있다. 원래는 깃털 공을 치는 놀이 도구였으나, 시간이 지나면서 화려한 장식이 추가되어 장식품으로도 널리 활용된다. 새해를 맞아 행운과 부적의 의미를 담아 선물하거나 집 안에 장식하는 풍습이 있다.

★★☆

고마
(こま)

일본 전통 팽이로, 다양한 모양과 크기로 만들어져 어린이와 어른 모두에게 사랑받는 놀이 도구이다. 손으로 돌리거나 끈을 감아 회전시키는 방식으로, 기술과 속도에 따라 묘기를 선보일 수 있다. 단순한 놀이를 넘어 집중력과 손기술을 기르는 도구로 여겨지며, 지역마다 독특한 디자인과 특징이 있다.

★★☆

가루타
(カルタ)

주로 새해에 즐기며, 한자와 가나(仮名)가 적힌 카드를 이용해 진행하는 전통 카드 게임이다. 대표적으로 이로하 가루타와 햐쿠닌잇슈 가루타가 있으며, 각각 가나와 고전 시 학습을 목적으로 만들어졌다. 읽는 카드와 바닥에 놓인 카드의 짝을 맞추어 빠르게 가져가는 방식이며, 집중력과 속도, 암기력을 요구한다. 놀이와 학습을 결합하여 문화와 교육적인 의미를 동시에 담고 있다.

★★☆

이로하 가루타
(いろはカルタ)

가나 음절과 속담이나 교훈적인 문장을 결합해 만든 카드로 하는 가루타 게임이다. 가나 음절이 적힌 읽는 카드와 대응되는 문장이 적힌 집는 카드로 구성되며, 읽는 카드를 듣고 바닥에 놓인 카드를 빠르게 찾아 맞추는 방식으로 진행한다. 어린이들이 일본어를 배우고 속담을 익히는 교육적인 목적으로 사용되며, 지역에 따라 문장의 내용이 약간 다르다.

★★☆

햐쿠닌잇슈 가루타
(百人一首カルタ)

'햐쿠닌잇슈'라는 고대 일본의 와카 시 100수를 소재로 한 가루타 게임이다. 각각의 시는 상·하 두 구절로 나뉘며, 낭송자가 상구를 읽으면 플레이어가 하구가 적힌 카드를 찾아내야 한다. 주로 설날이나 문화 행사 때 즐기며, 기억력과 집중력을 요구한다. 일본 전통 문학과 놀이 문화가 결합된 대표적인 사례로 꼽힌다.

★★☆

후쿠와라이
ふくわらい
(福笑い)

웃음을 가져다준다는 의미를 가진 전통 놀이이다. 눈, 코, 입 등의 부위를 종잇조각으로 만들고 눈을 가린 상태에서 얼굴 모양이 그려진 종이의 올바른 위치에 붙이게 한다. 결과물이 종종 우스꽝스럽게 나와 웃음을 자아내며, 주로 설날과 같은 명절에 가족끼리 즐긴다. 유쾌함과 행운을 상징하는 놀이이다.

★★☆

오타후쿠
(おたふく)

일본 전통문화에서 행복과 풍요를 상징하는 여성 캐릭터로, 둥글고 통통한 얼굴과 미소 짓는 표정이 특징이다. 이름은 '많은 복'이라는 뜻을 담고 있으며, 주로 가면, 장식, 민속놀이에서 사용한다. 축제나 공연에도 등장해 복과 웃음을 전하는 상징적인 존재로 사랑받고 있다.

★★★
에마
(絵馬)
えま

신사나 절에서 신이나 부처에게 소원을 빌 때 사용하는 나무판이다. 작은 판자에 자신의 소원을 적어 신사나 절에 걸어두는 풍습이 있으며, 전통적으로 말 그림이 그려져 있어 '에마'라는 이름이 붙었다. 현대에는 다양한 그림이나 디자인이 사용되며, 학업, 건강, 연애 등 개인의 소망을 기원하는 용도로 많이 활용된다. 일본의 독특한 신앙과 문화적 전통을 보여 주는 상징적인 물건이다.

★★★
오마모리
(お守り)
まも

신사나 절에서 판매하는 부적으로, 소원을 이루게 하거나 나쁜 일을 막아 주는 역할을 한다. 작은 주머니 형태로 되어 있으며 안에 축복의 기운이 담긴 종이나 부적이 들어 있다. 학업, 건강, 연애, 교통안전 등 목적에 따라 종류가 다양하다. 휴대가 간편하여 가방이나 지갑에 넣어 다니며, 일본인의 일상과 신앙심을 엿볼 수 있는 문화적 아이템이다.

★★★
오미쿠지
(おみくじ)

신사나 절에서 운세를 점치기 위해 뽑는 종이 점괘를 말한다. 대길(큰 행운)부터 대흉(큰 불운)까지 다양한 운세를 확인할 수 있으며, 특히 새해를 맞이할 때 많이 이용한다. 운이 나쁘게 나올 경우, 신사나 절의 지정된 장소에 묶어 나쁜 운을 떨쳐내는 풍습이 있다. 일본 전통 신앙과 즐거운 운세 체험이 결합된 문화적 요소이다.

★★★
마네키네코
(招き猫)

복을 부르는 고양이로 알려진 상징적인 장식물이다. 한쪽 앞발을 들어올린 모습이 특징으로, 오른발을 들면 금전운, 왼발을 들면 손님을 부른다고 믿는다. 주로 상점, 음식점, 가정 등에서 행운과 번영을 기원하며 놓아둔다. 일본의 대표적인 길조 아이템으로 세계적으로도 널리 알려져 있다.

★★☆

다루마
(だるま)

행운과 목표 달성을 상징하는 둥근 형태의 전통 인형이다. 눈이 비어 있는 상태로 판매되며, 소원을 빌 때 한쪽 눈을 채우고, 이루어지면 나머지 눈을 그려 넣는 관습이 있다. 불굴의 정신을 상징하며 흔들어도 넘어지지 않는 구조로 만들어졌다. 주로 새해 또는 특별한 목표를 설정할 때 사용하며, 일본인의 결의와 희망을 상징하는 아이템이다.

★★☆

데루테루보즈
(てるてる坊主)

맑은 날씨를 기원하며 매달아 두는 전통 인형이다. 이름은 '빛나라 빛나라 스님'이라는 뜻으로, 흰 천이나 종이로 만든 머리와 몸이 특징이다. 비가 오지 않기를 바랄 때 창가에 매달아 비가 멈추고 맑은 하늘이 되기를 바라는 소원을 담는다. 간단하지만 일본의 자연과 신앙적 전통이 반영된 독특한 풍습이다.

반대로 비가 오기를 바랄 때는 인형을 거꾸로 매달아 놓기도 한다냥. '후레후레보즈'라고 부른다냥.

찾아보기

ㄱ

가가미모치(鏡餅)	104
가나(仮名)	76
가나가와현(神奈川県)	33
가도마쓰(門松)	104
가라아게(唐揚げ)	146
가라오케(カラオケ)	247
가루타(カルタ)	306
가루톤(カルトン)	69
가마쿠라 대불(鎌倉大仏)	34
가마쿠라 시대(鎌倉時代)	169
가부키(歌舞伎)	284
가부키자(歌舞伎座)	285
가시와모치(かしわもち)	126
가쓰돈(カツ丼)	139
가와고에 마쓰리(川越祭り)	299
가와바타 야스나리(川端康成)	256
가이라쿠엔(偕楽園)	37
가이세키 요리(懐石料理)	129
가이세키 요리(会席料理)	130
가이유칸(海遊館)	44
가챠(ガチャ)	245
가쿠노다테 벚꽃 마쓰리(角館桜祭り)	298
가타나(刀)	66
가타카나(カタカナ)	78
간토 지방(関東地方)	30
간파이(乾杯)	155
갸라벤(キャラ弁)	127
건국 기념일(建国記念日)	110
게로 온천(下呂温泉)	38
게이레이(敬礼)	94
게임(ゲーム)	237
게타(下駄)	167
겐다마(けんだま)	304
겐로쿠엔(兼六園)	39
겐지모노가타리(源氏物語)	250
겸양어(謙譲語)	86
계절어(季語)	251
고나미(Konami)	242
고라쿠엔(後楽園)	52
고로케(コロッケ)	149
고마(こま)	306
고시엔(甲子園)	266
고시엔 구장(甲子園球場)	267
고이노보리(こいのぼり)	106
고치소사마(ごちそうさま)	155
고쿄(皇居)	31
고타쓰(こたつ)	176
골든위크(ゴールデンウィーク)	101
공민(公民)	193
교겐(狂言)	287
교복(制服)	194
교토(京都)	44
교토 기온 마쓰리(京都祇園祭)	302
구마모토성(熊本城)	54
구사쓰 온천(草津温泉)	36
국기관(国技館)	274
국제거리(国際通り)	59
국화 문장(菊花紋章)	64

군마현(群馬県)	35
굿즈(グッズ)	221
귀멸의 칼날(鬼滅の刃)	222
규니쿠도만나카(牛肉どまん中)	128
규돈(牛丼)	137
규슈(九州)	19
극장판 귀멸의 칼날: 무한열차편 (鬼滅の刃無限列車編)	235
극장판 주술회전 0 (劇場版呪術廻戦 0)	236
근로 감사의 날(勤労感謝の日)	117
금기어(いみことば)	88
기모노(着物)	160
기미가요(君が代)	62
기쓰네 우동(きつねうどん)	145
기쓰케(着付け)	166
기요미즈데라(清水寺)	45
기쿠치 간(菊池寛)	259
기타자토 시바사부로(北里柴三郎)	67
기후현(岐阜県)	38
긴교스쿠이(金魚すくい)	292
긴카쿠지(金閣寺)	46
긴키 지방(近畿地方)	41

ㄴ

나가사키(長崎)	55
나라(奈良)	48
나루토(ナルト)	223
나베모노(鍋物)	152
나쓰메 소세키(夏目漱石)	258
나오키상(直木賞)	260
나하(那覇)	56

난세이 제도(南西諸島)	20
날씨의 아이(天気の子)	234
남코(Namco)	241
낫토(納豆)	150
너의 이름은.(君の名は。)	233
네 컷 만화(4コマ漫画)	217
노(能)	286
노가쿠(能楽)	286
노면전차(路面電車)	205
노미호다이(飲み放題)	134
노인의 날(敬老の日)	115
노자와 불 마쓰리(野沢火祭り)	300
녹색의 날(緑の日)	113
니가타현 나가오카 불꽃축제 (新潟県長岡花火大会)	296
니넨자카(二年坂)	45
니혼(にほん)	17
니혼고(日本語)	77
니혼코쿠(日本国)	16
닌교조루리(人形浄瑠璃)	288
닌텐도(Nintendo)	239
닛코(日光)	35
닛폰(にっぽん)	17
닛폰전기(NEC)	243

ㄷ

다나바타(七夕)	107
다니자키 준이치로(谷崎潤一郎)	256
다다미(畳)	177
다도(茶道)	282
다루마(だるま)	311
다루마오토시(だるまおとし)	304

다베호다이(食べ放題)	134
다비(足袋)	168
다시(山車)	297
다유(太夫)	288
다이쇼 시대(大正時代)	172
다이토(Taito)	240
다자이 오사무(太宰治)	258
다카라즈카(宝塚)	289
다케토리 모노가타리(竹取物語)	255
다코야키(たこ焼き)	147
다테마에(建前)	90
단독 주택(一戸建て)	183
단시(短詩)	250
단자쿠(短冊)	107
단카(短歌)	253
대학입학공통테스트(大学入学共通テスト)	199
대형 쓰레기(粗大ごみ)	212
더 퍼스트 슬램덩크(THE FIRST SLAM DUNK)	235
데루테루보즈(てるてる坊主)	311
데미야게(手土産)	121
데즈카 오사무(手塚治虫)	229
덴돈(天丼)	138
덴푸라(天ぷら)	140
도다이지(東大寺)	48
도도부현(都道府県)	22
도메소데(留袖)	165
도시코시소바(年越しそば)	109
도야마현(富山県)	40
도요토미 히데요시(豊臣秀吉)	42
도카이도 신칸센(東海道新幹線)	202
도코노마(床の間)	178
도쿄(東京)	30
도쿄 간다 마쓰리(東京神田祭)	301
도쿄 돔(東京ドーム)	269
도쿄 스카이트리(東京スカイツリー)	31
도톤보리(道頓堀)	43
도호쿠 지방(東北地方)	27
도효(土俵)	273
돈가스(とんカツ)	150
돈부리(丼)	137
돈코쓰라멘(豚骨ラーメン)	143
동아리 활동(部活)	194
동인지(同人誌)	220
동일본(東日本)	23
드래곤볼(ドラゴンボール)	223

ㄹ

라멘(ラーメン)	141
라이트 노벨(ライトノベル)	263
라쿠텐에디(楽天Edy)	71
레이와 시대(令和時代)	174
로마자(ローマ字)	83
류큐(琉球)	56
리니아 신칸센(リニア新幹線)	203
리사이클(リサイクル)	212
리키시(力士)	272

ㅁ

마네키네코(招き猫)	310
마마차리(ママチャリ)	208
마사오카 시키(正岡子規)	253
마스노스시(ますのすし)	129

마쓰리(祭り)	290
마쓰시마(松島)	29
마쓰오 바쇼(松尾芭蕉)	252
마와시(まわし)	276
마이니치신문(毎日新聞)	267
만자모(万座毛)	58
만화(漫画)	216
말차(抹茶)	283
맛의 달인(美味しんぼ)	224
맞장구(あいづち)	92
맨션(マンション)	184
메이지 시대(明治時代)	172
메이지 유신(明治維新)	171
명탐정 코난(名探偵コナン)	224
모노레일(モノレール)	205
모모치 해변공원(ももち海浜公園)	54
모모타로(桃太郎)	255
모바일 게임(モバイルゲーム)	245
모후쿠(喪服)	164
무라사키 시키부(紫式部)	249
무라카미 하루키(村上春樹)	259
무로마치 시대(室町時代)	169
문예춘추사(文藝春秋)	261
문화부(文化部)	195
문화의 날(文化の日)	116
미소라멘(味噌ラーメン)	143
미시마 유키오(三島由紀夫)	257
미야기현(宮城県)	28
미야모토 시게루(宮本茂)	238
미야자키 하야오(宮崎駿)	230
미야지마(宮島)	51

ㅂ

바다의 날(海の日)	114
반즈케(番付)	275
반탁음(半濁音)	80
발음(撥音)	81
버스(バス)	206
벤또(弁当)	126
벼랑 위의 포뇨(崖の上のポニョ)	232
보증금(敷金)	187
부부즈케(ぶぶ漬け)	90
부쓰단(仏壇)	180
분라쿠(文楽)	287
불꽃축제(花火大会)	294
블리치(ブリーチ)	225

ㅅ

사례금(礼金)	187
사무라이(侍)	64
사시미(刺身)	136
사이케이레이(最敬礼)	95
사철(私鉄)	204
사쿠라(桜)	63
산넨자카(三年坂)	46
산의 날(山の日)	114
삿포로(札幌)	25
삿포로 TV타워(札幌テレビ塔)	26
삿포로 눈 마쓰리(札幌雪祭り)	300
삿포로시 시계탑(札幌市時計塔)	25
샤리(シャリ)	136
샤미센(三味線)	289
샤부샤부(しゃぶしゃぶ)	140
서도(書道)	280

서일본(西日本)	23
성인의 날(成人の日)	110
성지 순례(聖地巡礼)	227
세가(SEGA)	239
세쓰분(節分)	105
세토우치(瀬戸内)	21
센과 치히로의 행방불명(千と千尋の神隠し)	230
센노리큐(千利休)	283
센류(川柳)	252
센소지(浅草寺)	32
센스(扇子)	65
센토(銭湯)	182
센트럴리그(セントラル・リーグ)	270
소녀 만화(少女漫画)	218
소년 만화(少年漫画)	218
소니 인터랙티브 엔터테인먼트(Sony Interactive Entertainment)	240
소바(そば)	144
소풍(遠足)	196
쇼샤(書写)	281
쇼와 시대(昭和時代)	173
쇼와의 날(昭和の日)	112
쇼유라멘(醤油ラーメン)	142
쇼지(障子)	179
쇼진 요리(精進料理)	131
슈레이몬(守礼門)	68
슈리(首里)	57
슈리성(首里城)	57
스모(相撲)	271
스모베야(相撲部屋)	275
스시(寿司)	135

스이카(Suica)	70
스즈메의 문단속(すずめの戸締まり)	234
스퀘어 에닉스(Square Enix)	242
스키야키(すき焼き)	141
스튜디오 지브리(スタジオジブリ)	232
스포츠의 날(スポーツの日)	116
슬램덩크(スラムダンク)	225
승차권(乗車券)	206
시로무쿠(白無垢)	162
시부사와 에이이치(渋沢栄一)	69
시부야(渋谷)	32
시오라멘(塩ラーメン)	142
시우마이벤또(シウマイ弁当)	128
시치고산(七五三)	108
시코쿠(四国)	19
신도(神道)	291
신사(神社)	65
신카이 마코토(新海誠)	233
신칸센(新幹線)	202
쓰다 우메코(津田梅子)	68
쓰케모노(漬物)	151

아니메(アニメ)	228
아라시야마(嵐山)	47
아리마 온천(有馬温泉)	49
아마노하시다테(天橋立)	47
아마도(雨戸)	181
아사히신문(朝日新聞)	268
아오모리 네부타 마쓰리(青森ねぶた祭り)	298

아오모리현(青森県)	28
아이돌(アイドル)	248
아즈치모모야마 시대(安土桃山時代)	170
아케이드 게임(アーケードゲーム)	244
아쿠타가와상(芥川賞)	261
아키타현 오마가리 불꽃축제 (秋田県大曲花火大会)	295
아파트(アパート)	184
애니메이션 투어리즘 (アニメツーリズム)	237
야구(野球)	268
야마가타현(山形県)	29
야마우치 히로시(山内溥)	238
야오요로즈노 카미(八百万の神)	293
야키니쿠(焼き肉)	153
야키모노(焼き物)	151
야키토리(焼き鳥)	152
야타이(屋台)	293
양식(洋食)	131
어린이날(子供の日)	113
에도 시대(江戸時代)	171
에마(絵馬)	309
에샤쿠(会釈)	94
SNK (Shin Nihon Kikaku, 新日本企画)	243
에스컬레이터식 진학 (エスカレーター式進学)	199
에키벤(駅弁)	127
엔(円)	67
엔가와(縁側)	180
엔기모노(縁起物)	303
엔카(演歌)	247
LDK	185
LHR	193
여기는 잘나가는 파출소 (こちら葛飾区亀有公園前派出所)	226
여성 만화(女性漫画)	219
역전 마라톤(駅伝)	266
연호(元号)	61
오니기리(おにぎり)	146
오도리 공원(大通公園)	26
오루요미모노(オール読物)	262
오리콘 차트(オリコンチャート)	248
오마모리(お守り)	309
오모테나시(おもてなし)	156
오므라이스(オムライス)	149
오미소카(大晦日)	109
오미야게(お土産)	118
오미야마이리(お宮参り)	99
오미코시(おみこし)	296
오미쿠지(おみくじ)	310
오본(お盆)	108
오비(帯)	161
오사카(大阪)	41
오사카 덴진 마쓰리(大阪天神祭)	301
오사카성(大阪城)	42
오세이보(お歳暮)	120
오세치 요리(お節料理)	103
오쇼가쓰(お正月)	102
오시이레(押し入れ)	178
오십음도(五十音図)	78
OC	192
오야마(女形)	285
오야코돈(親子丼)	138
오에 겐자부로(大江健三郎)	257

오조니(お雑煮)	102		운동부(運動部)	195
오즈모(大相撲)	273		원령공주(もののけ姫)	231
오지기(お辞儀)	93		원피스 필름 레드(ワンピース フィルム レッド)	236
오차즈케(お茶漬け)	133			
오추겐(お中元)	120		원피스(ワンピース)	226
오카야마현(岡山県)	51		유니버설 스튜디오 재팬(ユニバーサル・スタジオ・ジャパン, USJ)	43
오카에시(お返し)	121			
오코노미야키(お好み焼き)	147		유닛 배스(ユニットバス)	183
오쿠라야마 전망대(大倉山展望台)	27		유카단보(ゆか暖房)	176
오쿠리모노(贈り物)	119		유카타(浴衣)	161
오키나와(沖縄)	55		은혜 갚은 학(鶴の恩返し)	254
오타쿠(オタク)	222		음독(音読み)	84
오타후쿠(おたふく)	308		의성어(擬音語)	87
오토시(お通し)	156		의태어(擬態語)	87
오토시다마(お年玉)	103		이로무지(色無地)	166
오후로(お風呂)	182		이로우치카케(色打掛)	162
와(和)	91		이로하 가루타(いろはカルタ)	307
와가시(和菓子)	153		이바라키현(茨城県)	36
와사비(わさび)	133		이바라키현 쓰치우라 불꽃축제(茨城県土浦花火大会)	295
와쇼쿠(和食)	124			
와시쓰(和室)	175		이세카이(異世界)	221
와카(和歌)	254		이시카와현(石川県)	39
외래어(外来語)	82		이치고이치에(一期一会)	284
요미우리 자이언츠(読売ジャイアンツ)	269		이치주산사이(一汁三菜)	125
			이케바나(生け花)	282
요비코(予備校)	198		이타다키마스(いただきます)	154
요요쓰리(ヨーヨー釣り)	292		인사(挨拶)	91
요음(拗音)	80		일본 스포츠청(日本スポーツ庁)	264
요코즈나(横綱)	272		일본 알프스(日本アルプス)	20
우나돈(うな丼)	139		일본문학진흥회(日本文学振興会)	262
우동(うどん)	145		일왕(天皇)	60
우주소년 아톰(鉄腕アトム)	229		일왕 생일(天皇誕生日)	111

입시(受験)	197
입학식(入学式)	99
잇쇼모치(一升餅)	98

ㅈ

자원 쓰레기(資源ごみ)	211
자전거(自転車)	208
자전거 주차장(駐輪場)	209
잔코나베(ちゃんこ鍋)	276
장음(長音)	82
전국 시대(戦国時代)	170
전자 화폐(電子マネー)	70
전철(電車)	201
젓가락(箸)	130
정리권(整理券)	207
정식(定食)	132
정원(庭)	181
정좌(正座)	188
정중어(丁寧語)	86
J리그(Jリーグ)	265
JR	203
J-POP(ジェーポップ)	246
조(畳)	177
조리(草履)	167
존경어(尊敬語)	85
졸업식(卒業式)	100
주고쿠 지방(中国地方)	50
주라우미 수족관(美ら海水族館)	58
주부 지방(中部地方)	37
주쿠(塾)	198
중고일관교(中高一貫校)	200
중화 요리(中華料理)	132
지고쿠다니(地獄谷)	40
지바현(千葉県)	33
지하철(地下鉄)	204
진격의 거인(進撃の巨人)	227
집세(家賃)	186

ㅊ

청년 만화(青年漫画)	219
청음(清音)	79
체육대회(体育祭)	196
촉음(促音)	81
추분의 날(秋分の日)	115
축구(サッカー)	265
춘분의 날(春分の日)	111

ㅋ

카레라이스(カレーライス)	148
카레우동(カレーうどん)	148
캐널시티하카타(キャナルシティ博多)	53
캡콤(Capcom)	241
컷 만화(コマ漫画)	217
코스프레(コスプレ)	220
코인 주차장(コインパーキング)	209
콘솔 게임(コンソールゲーム)	244
쿨 재팬(クールジャパン)	228

ㅌ

타는 쓰레기(燃やすごみ)	210
타지 않는 쓰레기(燃やさないごみ)	211
탁음(濁音)	79
택시(タクシー)	207

ㅍ

파스모(PASMO)	71
퍼시픽리그(パシフィック・リーグ)	271
페이페이(PayPay)	72
푸레젠토(プレゼント)	119

ㅎ

하고이타(羽子板)	305
하나미(花見)	63
하나비(花火)	294
하네쓰키(羽根つき)	305
하오리(羽織)	163
하울의 움직이는 성 (ハウルの動く城)	231
하이쿠(俳句)	251
하카마(袴)	163
하코네(箱根)	34
학교 축제(文化祭)	197
한신 타이거즈(阪神タイガース)	270
한자(漢字)	83
핫피(はっぴ)	291
햐쿠닌잇슈 가루타(百人一首カルタ)	307
헌법 기념일(憲法記念日)	112
헤노헤노모헤지(へのへのもへじ)	88
헤이세이 시대(平成時代)	173
헤이안 시대(平安時代)	168
호몬기(訪問着)	165
혼네(本音)	89
혼바쇼(本場所)	274
혼슈(本州)	18
홋카이도(北海道)	18
홋카이도대학(北海道大学)	24
홋카이도 지방(北海道)	24
홍백가합전(紅白歌合戦)	246
화도(華道)	281
효고현(兵庫県)	49
후리가나(ふりがな)	84
후리소데(振袖)	164
후린(風鈴)	66
후스마(襖)	179
후지산(富士山)	61
후쿠오카(福岡)	52
후쿠오카 타워(福岡タワー)	53
후쿠와라이(福笑い)	308
훈독(訓読み)	85
히가시노 게이고(東野圭吾)	260
히나닌교(ひな人形)	106
히나마쓰리(ひな祭り)	105
히노마루(日の丸)	62
히라가나(ひらがな)	77
히라이즈미 후지와라 마쓰리 (平泉藤原祭り)	299
히로사키 벚꽃 마쓰리(弘前桜祭り)	297
히로시마(広島)	50
히시모치(ひしもち)	125
힛코시소바(引っ越しそば)	144

일본어 교사 최대 커뮤니티 선생님들이 쓴 교과서
실용적인 구성으로 선생님의 1초를 아껴드립니다

길벗출판사 〈일본어〉 교과서

길벗 일본어 교과서는 선생님과 학생이 함께 배움을 익히는 교과서를 만듭니다. 핵심 개념을 중심으로 내용을 구성하고, 학습량을 줄이면서도 기능별 핵심 역량을 기를 수 있도록 집필했습니다. 일본어 교사 최대 커뮤니티 선생님들이 쓴 실용적인 교과서를 만나보세요.

고등학교 일본어

고등학교 일본어 회화

고등학교 일본 문화

길벗 일본어 교과서 홈페이지

길벗 교과서 홈페이지(https://textbook.gilbut.co.kr)에서 수업에 유용하게 활용할 수 있는, 선생님들을 위한 각종 자료가 제공됩니다.

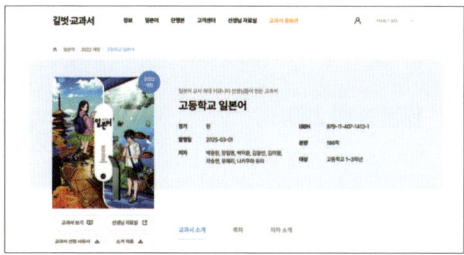

길벗 일본어 교과서 카카오채널

일본어 교과 관련 이슈 및 자료를 공유하는 채널입니다. 길벗 교과서는 선생님께 좋은 자료를 제공해 드립니다. 카카오톡 '길벗 일본어 교과서' 채널을 구독하면 유용한 정보를 빠르게 받아볼 수 있습니다.

구독을 원하면 오른쪽 QR코드로 접속하세요.

일본어 교과서와 함께 보세요!

길벗출판사는 청소년을 위한 교육에 진심입니다. 일본어 선생님을 위한
교과 참고용 도서부터 교구까지 청소년을 위한 교양서를 선생님들과 함께 만들어갑니다.

일본어 기초 어휘
학습 스티커북

일본어를 신나게 배울 수 없을까를 고민하며 현직 일본어 교사들이 함께 모여서 만든 책. 일본어를 가르치는 선생님도, 일본어를 배우는 학습자도 쉽고 재미있게 배울 수 있습니다.

길벗JTA연구회 저 | 값 8,800원

일본 문화 지도
학습 스티커북

일본의 행정구역을 체계적으로 이해하고자 하는 학습자, 일본에 관심이 있는 모든 분들에게 유용한 자료입니다. 21개의 사진은 일본어 기초학습자에게 꼭 필요한 일본 문화를 소개하고 있습니다.

길벗JTA연구회 저 | 값 8,800원

일본 문화 250

일본어와 일본 문화를 재미있고 쉽게 익힐 수 있는 5가지 주제의 총 250 단어를 엄선했습니다. 게임을 통해 즐겁게 배우고, 친구들과 함께하는 가루타 게임으로 자연스럽게 단어와 회화를 익히세요.

길벗JTA연구회 저 | 값 9,800원

일본어 오십음도 카드북

일본어를 처음 배우는 학습자에게 가장 큰 장벽은 바로 글자 익히기입니다. 이 책은 히라가나와 가타카나를 쉽고 빠르게 익힐 수 있도록 구성한 실용적인 학습 도구입니다.

길벗JTA연구회 저 | 값 9,800원